妙趣方言

主　编　王帅臣
副主编　田　静　陈贵秀

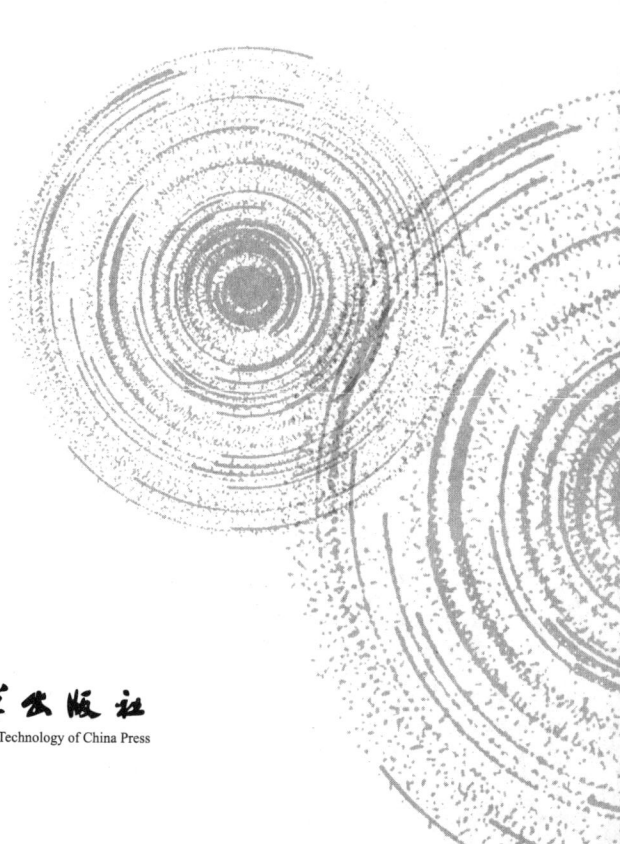

电子科技大学出版社
University of Electronic Science and Technology of China Press

·成都·

图书在版编目(CIP)数据

妙趣方言 / 王帅臣主编. —成都：电子科技大学出版社，2022.5
ISBN 978-7-5647-9316-6

Ⅰ.①妙… Ⅱ.①王… Ⅲ.①汉语方言-高等学校-教材 Ⅳ.①H17

中国版本图书馆 CIP 数据核字(2021)第 249101 号

妙趣方言
MIAOQU FANGYAN

王帅臣　主编

策划编辑　曾　艺
责任编辑　辜守义

出版发行	电子科技大学出版社
	成都市一环路东一段 159 号电子信息产业大厦九楼　邮编 610051
主　　页	www.uestcp.com.cn
服务电话	028-83203399
邮购电话	028-83201495
印　　刷	三河市文阁印刷有限公司
成品尺寸	185mm×260mm
印　　张	9.75
字　　数	230
版　　次	2022 年 5 月第 1 版
印　　次	2022 年 5 月第 1 次印刷
书　　号	978-7-5647-9316-6
定　　价	39.00 元

版权所有，侵权必究

前　言

　　本书是在华北理工大学教学建设委员会"五育"建设专门委员会的整体谋划、设计、指导下完成的美育类教材，旨在将美育教育全面融入专业人才培养体系，弘扬社会主义核心价值观和中华优秀传统文化，引领学生树立正确的审美观念、陶冶高尚的道德情操、塑造美好心灵；通过对专业中蕴含的价值与美进行充分的解读与揭示，在专业知识中理解美、体验美、传递美、创造美，打造学生热爱和投身专业的精神骨骼，以美润德、以美激智、以美健体、以美益劳。

　　自2020年夏季以来，教务处就开始组织专业之美课程建设工作，先后展开教学大纲的编写、教案的设计，并组织各类培训。在教务处的指导下，专业之美课程建设迅速开展，稳步推进，教师团队积极认真投入课程实施及教材编写的工作。

　　美育作为"五育"之一，是教师教书育人的职责所在，是学生成长之路不可或缺的精神养分，更是学校培育社会主义接班人的重要举措。专业之美课程建设以"打造美育课程的华理品牌、创造知识温度并存的华理课堂、为学校高质量发展作出贡献"为目标，立足立德树人根本任务，深入挖掘美的内涵，多角度全方位开发美育教育，从"美"出发，回归于"德"，强化学生正确的历史观、民族观、价值观。教师团队深刻理解美育育人目标，认真处理美育教育与知识传授关系，积极发挥美育塑造学生审美情操和心灵品质、激发学生创新创造活力的作用。

　　"方言之美"是汉语国际教育专业本科阶段的专业美育课，也是通识必修课。该课通常在第二学期开设，共16学时。本课程是以方言为切入点，以文化艺术形式为依托，兼顾专业性、普及性和美育特征；以OBE的理念为导向，设计层次递进、衔接有序、可观察的教学目标。为保证整门课程各个单元在不同视角和层次上展现专业之美，课程通过方言词汇、民歌民谣、民谚、地方戏、地方曲艺、方言女书等内容的讲授，展示汉语方言及方言文化概况；培养学生进行基本的方言文化调查的摄录、剪辑等的音视频制作能力；通过欣赏、收集、体验、互动等多种方式，增加课程体验性，增强学生的视觉、听觉感受能力，提升专业自豪感，培养创造力和审美力，进而更好地领悟汉语方言的博大精深，感受以汉语方言为载体的文化现象的美学之美，不忘乡音、铭记乡愁，增强文化自信，最终实现以德树人、以美育人、以文化人，实现全面提高学生人文素养的育人目标。

　　课程教材团队由外国语学院的王帅臣、田静和大理大学文学院的陈贵秀三位老师组成。书稿由王帅臣统一负责；陈贵秀老师通读了书稿，并提出了宝贵意见。具体教材编写分工如下。

  第一单元 汉语方言之美（王帅臣）

  第二单元 方言词汇之美（田静）

  第三单元 民谚之美（王帅臣）

  第四单元 民歌民谣之美（王帅臣、陈贵秀）

  第五单元 地方戏之美（王帅臣）

  第六单元 地方曲艺之美（王帅臣）

  第七单元 方言女书之美（王帅臣）

  第八单元 乡愁与乡音（王帅臣）

  在写作过程中，笔者参考了大量的论文、书籍，附在了每章之后。此外，书中绝大部分插图由学生张可心、吴亚辰帮忙绘制，少部分插图由笔者以前在高中任教时的学生张晓晨帮忙绘制，另一部分插图为引用（做了标注），在此对同学们的帮助和被引用插图的作者表示感谢。大部分音、视频出自学生之手，以前的同事任立永、赵进华也给予了帮助；第四单元音、视频由大理大学陈贵秀老师提供；第五单元音视频由毕业于中国戏曲学院的师妹杜媛提供，杜师妹热心于戏曲文化的传播，向她致敬。李艳辰认真做了文字校对，提出了很多很好的意见。感谢学校教务处及专家的指导！感谢2020级汉语国际教育专业的同学，他们提出了很好的意见。感谢大家！感恩大家！如有舛误，还望读者多批评指正。

王帅臣

于华北理工大学听海轩

2021 年 11 月

目　　录

第一章　汉语方言之美/ 1
　　第一节　汉语方言概述/ 2
　　第二节　道不尽的美/ 6
　　第三节　方言中的文化/ 9
　　第四节　方言文化调查/ 12

第二章　方言词汇之美/ 19
　　第一节　何为方言词汇/ 20
　　第二节　方言词身后的历史文化/ 24
　　第三节　方言词汇与地域/ 29

第三章　民谚之美/ 37
　　第一节　何为民谚/ 38
　　第二节　春雨惊春清谷天/ 42
　　第三节　智慧之美/ 48

第四章　民歌民谣之美/ 53
　　第一节　何为民歌民谣/ 54
　　第二节　好一朵美丽的茉莉花/ 59
　　第三节　歌声咏流传/ 63

第五章　地方戏之美/ 69
　　第一节　何为地方戏/ 70
　　第二节　原来姹紫嫣红开遍/ 74
　　第三节　绽放新魅力/ 78

第六章　地方曲艺之美/ 83
　　第一节　何为曲艺/ 84
　　第二节　姑娘叫大莲/ 87
　　第三节　朴素之美/ 93

第七章　方言女书之美/ 98
　　第一节　何为女书/ 99

第二节　美者颜如玉 / 102
　　第三节　时代之美 / 104

第八章　乡愁与乡音 / 109
　　第一节　看得见的"乡愁" / 110
　　第二节　听得见的"乡音" / 112
　　第三节　方言，时尚之声 / 118
　　第四节　美美与共 / 120

附录
　　1.《保护非物质文化遗产公约》/ 126
　　2.《岳麓宣言》/ 137
　　3.《中华人民共和国非物质文化遗产法》/ 144

第一章　汉语方言之美

本章导读

　　方言,如同孩提时母亲的声声呼唤,游子不论走多远,都能在心头铭记。方言是美的,蕴含着无限的美,带给我们的感觉也是美的。方言,如同一块璞玉,需要我们珍视。汉语方言,南腔北调,是中华民族的瑰宝,需要我们珍爱。方言之美,美在文化;方言之美,美在传承。

　　提到方言,人们自然就和乡村联系到了一起。乡村是农业社会最为广泛的聚落形式,为人类提供了生存的基本条件,也孕育了丰富多彩的乡村文化。随着城镇化的推进,传统村落快速消失,很多方言也渐行渐远。失去乡村,乡愁将失去依托;没有乡音,乡愁如何诉说?这是一个摆在我们面前的重要课题。

　　2014年1月,习近平总书记考察云南大理时说:"什么是乡愁?乡愁就是你离开这个地方会想到的。"除了故乡的山水,人物,让你想起来的一定还有难忘的乡音——方言。让我们走近方言,亲近方言,保护方言,让方言之美永存。

【学前思考】

(1)你如何看待方言或自己的母语方言?

(2)你认为方言之美,美在何处?

【学习目标】

(1)了解汉语方言文化的种类、特点。

(2)熟悉汉语方言的特点、分区概况。

(3)掌握基本的方言文化调查方法。

(4)感悟汉语方言之美。

【学前体验】

回乡偶书二首·其一

唐·贺知章

少小离家老大回,乡音无改鬓毛衰。

儿童相见不相识,笑问客从何处来。

至大埔闻乡音

明·郭之奇

八千里外始乡关,乍听乡音慰客颜。

几夜梦依双膝下,征衣频拂念途艰。

第一节 汉语方言概述

一、汉语方言的分区

"方言"有广义和狭义两种含义。广义的方言指共同语的地方变体。在这个意义上说,北京话也是一种方言。狭义的方言指中国东南部地区的汉语方言,也称"东南方言",大致有吴方言、闽方言、粤方言、客家话、赣方言、湘方言等。由于历史、地理、人口迁移等因素,这些方言非常复杂,内部通话程度不一,有的地区在一个县内部就有两三种相互听不懂的地方话,可谓"十里不同音"。提到方言,人们往往会用"硬""软""艮"等词语来形容,也有的会用"海蛎子味儿"(大连话)、"柿子味儿"(保定涞源话)、"大碴子味儿"(东北话)等表示味道的词语来形容,大部分时候,这种主观的感受也蕴含着一定的科学性。

图1-1 乡村(吴亚辰绘制)

汉语方言的分区以地域为基础,依据语言学上的特征(目前使用最广泛的是语音),划分出不同的类。汉语方言分区经过了一个从主观到客观的过程。

(一)汉语方言分区简史

人们在很早的时候就对汉语方言分区有了一定的认识。东汉扬雄的《輶轩使者绝代语释别国方言》是一部方言词汇集,是中国古代方言词汇研究的开山之作。

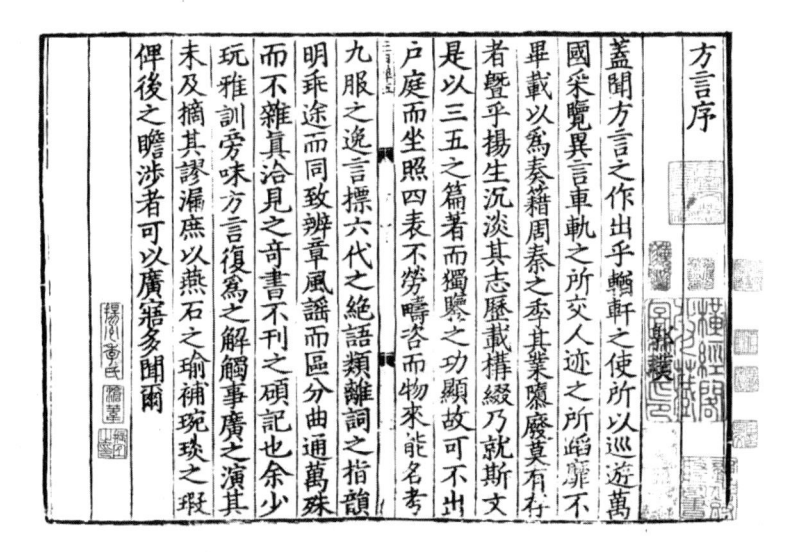

图 1-2 《輶轩使者绝代语释别国方言》书影(宋庆元六年浔阳郡斋刻本)

往,凡语也。(卷一)

党、晓、哲,知也。楚谓之党,或曰晓。齐宋谓之哲。(卷一)

好,凡通语也。(卷二)

扬雄根据词语通行的地域范围分别标注为凡语、通语、凡通语、某地与某地之间语等各种类型。后人根据词汇通行地域尝试给秦汉时代的方言进行分区。如语言学家林语堂将《方言》中提到的 50 多个地名具体分为 26 类,并拟出了方言的区划。

清末民国时期,章太炎在《訄书》初刻本(1900)中把汉语方言分成 10 种,稍后在《检论》(1915)中又改订成 9 种。所述如下。

河之朔,暨于北塞,东傅海,直隶、山西,南得彰德、卫辉、怀庆,为一种。纽切不具,亢而鲜入,唐虞及房之遗音也。陕西为一种。明彻平正,甘肃肖之,不与关东同。唯开封以西,却上。汝宁、南阳,今日河南,故荆、豫错壤也;及江之中,湖北、湖南、江西为一种。武昌、汉阳尤啴缓,当宛平二言。福建、广东各为一种。漳、泉、惠、潮又相斮也,不足论。开封而东,山东曹、沈、沂,至江、淮间,大略似朔方,而具四声,为一种。江南苏州、松江、太仓、常州,浙江湖州、嘉兴、杭州、宁波、绍兴,为一种。宾海下湿,而内多渠浍湖沼,故声濡弱。东南之地,独徽州、宁国处高原,为一种。厥附属者,浙江衢州、金华、严州,江西广信、饶州也。浙江温、处、台附属于福建,而从福宁。

福建之汀,附属于江西,而从赣。然山国陵阜,多自隔绝,虽乡邑不能无异语,大略似也。四川上下与秦、楚接,而云南、贵州、广西三部,最为僻左,然音皆大类湖北,为一种。滇、黔则沐英以兵力略定,胁从中原,故其余波播于广西。湖南之沅州,亦与贵州同音。江宁在江南,杭州在浙江,其督抚治所,音与他府县稍异,用晋宋尝徙都,然弗能大变也。

虽然结合社会历史地理等因素，章氏的分区很大程度上还多是从主观感受得出的结论，但是这种分区也包含了一些科学因素。

1937年，李方桂在《中国的语言和方言》中将汉语方言分为"北方官话、西南官话、下江官话、粤语、赣客语、闽语、吴语、湘语"8种。

1948年，上海申报馆绘制的《语言区域图》里，将"汉语"分为"北方官话、西南官话、下江官话、吴语、湘语、赣语、客家话、粤语、闽南语、闽北语、徽州方言"等11个方言区。这一分法受到了赵元任的影响。

李方桂等人的分区，都是基于田野调查实践，但是只建立在部分实际调查基础上，由于当时的形势，没有机会展开全面调查，不得不说是一个遗憾。

1987年，基于实地调查、完全根据语言材料来分区的国家级语言分区——《中国语言地图集》出版。该书确立了"大区、区、片、小片、点"5级分区体系，将官话分为北京、东北、冀鲁、胶辽、中原、兰银、西南、江淮等8个方言区，下分40个方言片，27个方言小片。非官话方言中，北方的晋语成为一区，下分8个方言片，4个方言小片；东南部地区的汉语方言分为吴语、徽语、湘语、赣语、客家话、闽语、粤语、平话等8个方言区，下分48个方言片，25个方言小片。此外，还有6种未分区方言。如此下来，全国方言大区共10个，分别为：官话区、晋语区、吴语区、赣语区、湘语区、徽语区、闽语区、客家话区、粤语区、平话区。

2012年的《中国语言地图集》(第2版)仍基本维持这个大的分区做法，只有个别方言点归属微调。方言分区是个见仁见智的问题，可以依据不同的目的和标准，划分出不同的结果。学界仍有不同的学者提出不同的方案。

(二)各方言的基本特征

汉语方言分为官话方言和非官话方言。其分布和语音特征主要参考了《中国语言地图集》(第2版)的最新成果。

1. 各方言的分布

首先介绍汉语官话方言分布情况。汉语官话方言又划分为北京官话、东北官话、冀鲁官话、中原官话、胶辽官话、江淮官话、西南官话、兰银官话。

北京官话主要集中分布在北京、天津、河北、辽宁、内蒙古等地，使用人口约2676万人。东北官话主要集中分布在黑龙江、吉林、辽宁、内蒙古等地。冀鲁官话主要集中分布在北京、天津、河北、山东等地。中原官话主要集中在河南、山东、安徽、山西、陕西、青海、甘肃、新疆等地。胶辽官话主要分布在山东的胶东半岛和辽宁的辽东半岛，使用人口约3495万人。江淮官话主要分布在安徽、江苏两省，湖北东部地区、江西九江地区、浙江个别地区等地，使用人口约8605万人。西南官话主要分布在云南、贵州、四川、重庆、广西、湖南、湖北、江西、陕西等地。西南官话在官话方言里分布范围最为广泛，使用人口最多，约2700万人。兰银官话主要分布在陕西、青海、宁夏、新疆、甘肃等地。

其次，晋语在此次划分中，《中国语言地图集》把它和官话并列，主要分布在山西、山西、内蒙古、河北、河南等地，使用人口约6170万人。

最后，介绍东南方言分布情况。

吴方言主要分布在浙江省、上海、江苏省南部、江西省与浙江省毗邻地区、福建省与浙江毗邻部分地区、安徽省皖南部分地区，使用人口约7010万人。

湘方言主要分布在湖南境内的湘水、资水、沅水流域以及广西的全州、兴安、灌阳和资源，使用人口约3085万人。

赣方言主要分布在江西，以及湖南、湖北、安徽、福建部分地区等地，使用人口约4800万。

闽方言主要分布在福建省、台湾省、海南省、广东省东部地区，使用人口约6000万人。

平话主要分布在广西及毗连地地区，使用人口约700万以上。

2. 各方言的语言特征

汉语官话大区按照古清音入声字今读调类的演变情况，李荣（1985）将官话方言划分为七区，又考虑到东北官话古入声清音声母字今读上声比北京话多等情况，又分出东北官话，形成官话下面8个方言区。下面简要介绍其语音特征。

东北官话古入声清音声母字今读上声的比北京话多，大部分声调的调值与北京话相近，只有阴平调值多为33或44，比北京低。大部分地区没有r声母，"让"音同"样"，"肉"音同"又"。北京话b、p、m、f和o韵母相拼，东北官话都读e韵。冀鲁官话的一致特点是古清入声字归阴平，次浊声母字归去声，全浊声母字归阳平。胶辽官话的特点是古清音声母入声字今读上声，止摄开口除外的古日母字今读一般为零声母，韵母为齐齿呼或撮口呼。古知庄章三组声母字大部分地区读为两类声母。江淮官话的最为显著的特点是有独立的入声调类en和eng、in和ing普遍存在前后鼻音不分的情况，绝大多数不分尖团，不分n和l。兰银官话的特性是古清音入声今读去声。

晋方言的一致特点是仍然保留入声，古入声字今大多收喉塞尾，短调。

吴方言最显著的特点是"帮滂并、端透定、见溪群"三分，第三人称代词多为"渠"。

湘方言的特点是古全浊声母舒声字今逢塞音、塞擦音时，无论清浊，大多数念不送气音。古塞音韵尾完全消失，也无喉塞尾。蟹、假、果、摄的主要元音基本分别为[ɑ]、[o]、[u]序列或其变体。声调有五至七个，绝大多数分阴去和阳去。

赣方言古的全浊声母和同组的次清声母今读相同，古入声字今读多为两个调类，大部分不分尖团。第三人称代词多为"渠"。

客家方言的较为一致的特点是古全浊声母舒声字今逢塞音、塞擦音时，无论清浊,大多数念不送气音。第三人称代词多用"佢"。

闽方言内部分歧较大,一般来说,保留了较多上古汉语的特点,如"轻唇归重唇",即无f声母;"舌上归舌头",即部分zh、ch读d、t,古匣母字读k或零声母等。第三人称代词多用"伊",也有用"渠"的。

粤方言的特点是古全浊声母今逢塞音、塞擦音时,平声送气,去声不送气,逢上声时,则有送气和不送气两种情况。此外,古微母字今读声母m,如"微、尾"等字的声母是m。第三人称代词用"佢"。

平话内部南北差异大,共同的特点是古全浊塞音声母今读塞音、塞擦音时一般为不送气音。

第二节　道不尽的美

一、美为何物?

当看到美丽的景色时,人们会脱口而出地赞叹"真美呀!";当人们奢想一件难以实现的事情时,别人会提醒你"想得美!"。那么究竟什么是美呢?在现实世界中,人们为什么总是热衷于追求美呢?美是世间习以为常的东西,但却属于别人不问倒还清楚些;别人一问,反而茫然无解了。什么是美?对这个问题,东西方的哲学家、艺术家摸索了几千年,却莫衷一是。下面,我们从美学角度来阐释美是什么。

美学的学科概念始于德国哲学家鲍姆加通在1750年出版的《美学》第一卷,但美学思想在东西方都有两千多年历史,审美意识更早在原始社会就已经出现。如西安半坡出土的人面网文盆,说明早在六千多年前新石器时代祖先已经有审美活动。中国美学的起点是老子,经孔子、庄子,一直到王夫之,从百家争鸣、魏晋玄学,一直到禅宗,古代思想家都提出了一系列重要的美学概念、范畴和命题,创造了灿烂的古典美学遗产。"美学"学科的名称在近代由西方传入,从梁启超、王国维、蔡元培,到朱光潜、宗白华、丰子恺、蔡仪,都努力将东西方文化中的美学思想融合,或是引入呐喊,或是探索中国的审美与艺术精神,或是构建了马克思主义美学思想,都为中国美学作出了独特的贡献。同时,他们做了大量的美育普及性工作,推动了中国美育的发展。

美学是一门人文学科,涉及哲学、艺术、心理学、语言学、人类学、民族学、社会学等学科。美学也是一门理论学科,涉及很多概念范畴,如"美和丑""主体和客体""优美和崇高""沉郁和飘逸"等。对于美学的研究对象,学者有不同的认识。但是学界大部分认可美学的研究对象是审美活动。叶朗在《美学原理》中这样界定审美活动:"审美活动是人类的一种精神活动,它是人性的需求。没有审美活动,人就不是真正意义上的人""审美活动是人的一种以意象世界为对象的人生体验活动。这个意象世界照亮一个本然的生活世界。在这个以意象世界为对象的体验活动中,人获得心灵的自由""审美活动是人类的一种文化活动,它在人类历史上发生、发展,它受人类的文化环境的影响和制约。因而审美活动具有社会性、历史性。"

图1-3 西安半坡人面网纹盆(吴亚辰绘制)

审美活动与美密切相关。关于美的讨论(尤其是美的本质),历史久远,见仁见智,暂不赘述。在此之前,我们要对"美"的概念做个区分。美有种种:天地有大美,山川湖泽,是自然之美;人间有大爱,互助互爱,是社会之美;笔墨有沟壑,花鸟鱼虫,是文人之美;田间有血汗,稻香鱼肥,是农人之美。凡此种种,不一而足。一般来说,美分为日常生活的"美"、美学或审美活动的"美"。上文的"真美呀""想得美"属于日常生活中的美。美学或审美活动的"美",包括日常生活的美,比如"北京的秋天很美"。除此之外,还包括一切纳入审美范围内的对象所具有的特点属性,既有完整和谐的"优美",还有崇高、沉郁、飘逸、空灵等各种形态。本书是在美学或审美活动的层面来谈"美"的。

美与真、善是统一的。《说文解字》中"美,甘也。从羊从大。羊在六畜主给善也。美与善同意。"羊大为美,体现了人们最初是从功利角度来看待"美"的,只不过后来发展为审美视角。这一"美与善同意"的传统,我们依然可以从今天的思想美、心灵美、行为美、语言美、社会美等说法中得以窥见。人们在伦理层面使用"美",也就是有"好""善"的意义。当然,今天我们讲"善",不是直接狭隘功利的"善",更多侧重在提升人的精神领域境界的"善"。真侧重世间万物的相互关系,心理活动偏重抽象思考,比如植物学家看到古柏,进而想到它的特点,归入类科,就是"真"的体现。真既包括逻辑的"真",也包括存在的"真",和古人所说的"自然"相同。而这个现实人生,也就是存在的"真"世界,是在情景交融的审美活动关照之下存在。这也就是美和真的统一。

除了美学,文学家也多往往谈及美。如爱默生在《论美》中说:"我们不妨把美分作三个层面。首先,对多种自然形态的简单感知就是一种快乐。由各种自然形态和动作所产生的影响,人类是离不开的。其次,一种更高的精神元素是这种至真至美的必要条件。这种崇高神圣的美,能被人所喜爱,却不矫揉造作。再次,世上之美，还可以从另一个角度来看，即智慧之美。除了美德，美还与思想有关。"这种文学领域的美，仍在美学范围之内。

理解美，进行审美活动，推行美育，很早就受到了人们的重视。西方的席勒最早明确提出"美育"概念，民国时期的蔡元培提出"以美育代宗教"的主张。朱光潜在《谈美》中说："科学求真，实用求善，艺术求美，而真善美三者具备才可以算是完全的人。"宗白华在《美学散步》中说："一个丢掉美的民族是没有希望的民族。"

美育的价值也得到了党和政府的重视。中共中央1993年颁布的《中国改革和发展纲要》中明确指出："美育对培养学生健康的审美观念和审美能力，陶冶高尚的道德情操，培养全面发展的人才具有重要作用。"2015年9月，《国务院办公厅关于全面加强和改进学校美育工作的意见》指出，"美育是审美教育，也是情操教育和心灵教育，不仅能提升人的审美素养，还能潜移默化地影响人的情感、趣味、气质、胸襟，激励人的精神，温润人的心灵。美育与德育、智育、体育相辅相成、相互促进"。

二、方言与美

古诗云："骏马秋风冀北，杏花烟雨江南。"中国广袤的地域上分布的众多方言，特点不同，风采有异。方言，在全球化的今天，似乎很容易被人们遗忘。殊不知，方言中蕴含着先人的智慧，是不尽的宝藏和无边的财富。如果我们走近方言、审视方言、亲近方言，就会发现方言之中美不胜收。

就风格而言，东北官话幽默风趣，北京话字正腔圆，西北官话激越高亢，西南官话生动形象，吴方言低吟浅唱，粤方言、闽南话古奥古香。就形式而言，方言更具有生动美、形象美、声律美、修辞美等。就内容而言，方言不仅蕴含古音古义，而且凝聚了先人智慧。就关系而言，方言不仅在语音、词汇、语法等方面有自身特点，而且是民俗民谚、民歌戏曲等地方文化的载体。同时，方言不仅仅是我们的母语，还是诉说乡愁最直接热烈的表达。方言之美，只有我们重新审视时，才会理解、体悟她的美，进而懂得她的博大智慧、沧桑珍贵，浸润着她的真善美，培育我们的心胸，提升我们的趣味，升华我们的人生境界。

鲁迅在《科学史教篇》(1907)中说过如下一段话。

顾犹有不可忽者，为当防社会入于偏，日趋而之一极，精神渐失，则破灭亦随之。盖使举世惟知识之崇，人生必大归于枯寂，如是既久，则美上之感情漓，明敏之思想失，所谓科学，亦同趣于无有矣。

鲁迅在此看到了一味地偏重知识及科学，极易使人的精神颓废、美感浅薄、思想呆滞。先生呼吁，社会需要审美活动，如果没有审美，人类就会"精神渐失，则破灭亦随之""人生必大归于枯寂"。可以说，鲁迅这段话很好地说明了开展美育的必要性，是对美育的呼唤。而方言，距离我们最近而又最远，是熏陶、感发的最直接、最持久的手段和形式,帮助我们在方言与我们同一的体验中,培育我们美好的、感恩的、善良的心灵,帮助感悟先人的智慧和力量,引导我们去健全自己。

叶朗在《美学原理》第十四章"美育"中对美育的目的做了如下概括:

美育的根本目的是使人去追求人性的完满,也就是学会体验人生,是自己感受到一个有意味的、有情趣的人生,对人生产生无限的爱恋、无限的喜悦,从而使自己的精神境界得到升华。从这个意义上来理解"人的全面发展",才是符合美育的根本性质。

如叶朗先生所言,亲近方言、体验方言之美,实在是开展美育、浸润文化的有效形式。

第三节　方言中的文化

一、方言与文化

方言与文化的关系十分密切。首先,方言本身就是文化极为重要的部分;其次,方言是文化的最重要载体;最后,方言还蕴含着文化,同时文化也会通过方言或隐或显地表现出来。

从整体来看,方言与历史、地理、人口、行政区划等密切相关。透过这种密切关系,我们可以看出方言与文化的互动关系。

方言很多时候会因与山川等地理因素,呈现出某种分布特点和形状。例如曹志耘(2010)发现,"秦岭—淮河线"不仅在中国地理上有重要意义,在汉语方言中也具有重要的意义。例如,人称代词"咱们",在该线以北都使用包括式的"咱们""咱"等词;在该线以南,绝大多数地区没有相应的说法,吴闽部分地区使用"我和你"或其他说法来表达。类似的词语还有:(线北/线南)长虫/蛇、炕/无炕、俩/无合音形式、大伙/大家等。

方言记载着历史,传承着文化。闽方言用"走"指"奔跑",该古义也保留在成语中,如"走马观花"指骑在奔跑的马上看花,而不是现代意义的"走"。周振鹤(2019)指出,浙南地区将燃木取暖称为"煨煨暖",《说文解字》:煨,小热也。这与浙南当地旧民俗有关,立春当日,在户外燃起柴禾,据说可驱鬼,方言称"煨春"。张惠英(2016)认为,海南临高人被称为"贝"或"翁贝",是因为口中经常出现这些称呼。据考证,"贝"就是伯,"翁贝"就是"翁伯",是对尊者、男子的称呼。这些高频的口语,可以反映古时"礼仪之邦"的一个侧面。

方言的形成和流布,也可以反映人口迁移情况。晋语在内蒙古自治区的分布与走西口密切相关,辽东半岛的胶辽官话与海路闯关东直接相关,闽语在东南亚的分布则是下南洋的结果。明初大槐树移民,后世语焉不详。乔全生、王鹤(2019)利用方言学的语音、词汇资料为洪洞大槐树移民提供具体实证。语音上,山东西鲁片部分方言知系声母合口字读作唇齿音[pf、pf'、f、v],河南、河北方言中入声及通摄合口一等与合口三等精组入声字不同音,河北中部去声分阴阳,与山西方言保持一致。词汇上,河北、河南有大量特殊前缀"圪"构成的词;西鲁片代表点郓城有多条词汇与山西洪洞方言相近,而与本省其他片方言不同;山西的特殊词汇"圪嘟""得脑"以及"呼母曰姐"的现象也出现在河南、河北的方言中。这些方言事实与史料中的记载互为印证,这就为洪洞大槐树的移民提供了实证。

方言的分布有时也有行政区划的影响。黄晓东(2018)认为,苏沪嘉地区目前的方言分布格局与其历史行政区划息息相关。苏沪嘉三地历史上存在析置关系:嘉兴由苏州析置,而松江又由嘉兴析置。长期以来,松江在行政上均隶属于嘉兴。因此,上海话的较早源头应是跟嘉兴话关系密切的松江话,而非苏州话。由此不难理解:今上海方言中众多特点与嘉兴相同,而异于苏州话。

具体方言中的语音、词汇、语法等项目,也都体现着文化因素。如:语音方面,在湖南衡山话中,"浮(起)""孵(鸡崽叽)""(黄)蜂"分别读如"袍""抱""烹"。在湖南东安话中,"冯,逢,缝"读音如"彭"。这是上古无轻唇音的残留。在词汇方面,《平遥方言民俗图典》中的以"卍"为标识的吉祥文化,如正月初八祭星蜡烛摆成的"卍"字、出殡时曾孙包头上的"卍"字等。"卍",音 wàn,梵文,意为吉祥万德之所集。"卍"崇拜现象作为传统地域文化的缩影。闽语中保留大量单音节词,这与古汉语以单音节词为主的特征相符。语法方面,粤语中的"你走先"是古汉语状语位置后置的留存。反复问在吴方言中有四种最常见的句式:

①VP 否 VP?(喝茶否喝茶?)

②VP 也否?(吃饭也否?)

③VP 也未?(煮饭也未?)

④阿 VP?(阿要吃酒?)

通过与古汉语的比较,这四种句式是产生的先后层次,按照时间先后分别为②、③、①、④。这种层次的形成又体现了移民的影响。

方言还能反映一个地区的文化性格。如谭汝为(2010)就阐述过天津方言与天津文化的关系。我们在此处引述如下部分内容。

作为一个移民城市,天津的文化特征更侧重于码头文化,码头文化与天津方言更是相辅相成的。正如天津著名作家林希在《九河下梢说码头》一文中的描写。

天津人讲"精气神儿",天津人骂人是"死蔫蛆",全都是码头遗风。天津人连吃饭都带着码头气派,天津人吃煎饼果子,吃大饼卷牛肉,把这种吃法叫"吹喇叭",就是不能因为吃饭误了潮起潮落的时间……既要相互适应,又恪守自己的生活方式,"混个热闹",把钱挣到手是"真格的"。天津人讲最后目的,不注重过程,只要"大面儿"上过得去,没有那么多规矩板眼。光在一个码头上混,天津人说是"栖锅底"算不得是本事,要有本事跑码头,在各个码头间跑来跑去,这,就是《日出》里胡四说的那个名词"吃得开"……"老牛筋"不行,"老执鬼"不行,先要有"人缘儿",然后才会有"饭缘儿"。必须八面玲珑,天津人说要会"来事儿",如此,才能在天津这个大码头上"横趟"。

正如林希先生精辟的剖析,像上文中的"精气神儿""死鹫蛆""吹喇叭""混个热闹""真格的""大面儿""吃得开""老牛筋""老执鬼""人缘儿""饭缘儿""来事儿""横趟"等富于天津地域色彩的方言词语,都是码头文化的产物。

同时,我们从地域文化也可以看出方言的形成及特点。汪国胜、赵爱武(2016)讨论了从地域文化角度看武汉方言的特点。同样有码头文化特点的武汉,其实是码头文化、移民文化、商业文化共同塑造了武汉方言的特质以及武汉这座城市。码头文化给武汉方言蒙上了浓厚的江湖色彩,很多方言词汇充满江湖气。如"青红帮"原指源于清代的江湖帮派洪门和青帮,帮派组织一般以"兄弟"相称,因而在武汉方言中留下了"青红帮"这个用语,意为"铁哥们"。"搭白算数"意思是说话算话,负责到底。一些词汇具有商业气息。如武汉人做买卖的时候喜欢搞买一送一的活动,并美其名曰"搭头"。做小买卖很不容易,好不容易来了笔生意,叫"开了和"。汉口方言的一些特点和武汉的饮食词语,可以体现武汉的移民色彩。过去从黄孝来的手工业者、码头工人以及小商贩多聚居于老汉口(今统一街土荡巷)附近,产生的楚剧在此地流行开来。比如"板眼"进入汉口方言。武汉的早点,以其品种繁多,价廉物美为特色,有"不食武汉味,妄谈有美味"之妙称,最能体现武汉人兼收并蓄的气度。

二、方言也是文化

方言是文化的最重要载体,本身也是文化。方言不仅是语言资源,也是文化资源,是地域文化的重要组成部分。在人类漫长的历史发展过程中,方言积淀了丰厚的文化信息,含有人们的价值观念、思维方式、文化心理以及对自然、社会的认知和表达,甚至一些已经消亡的文化现象,也会在语言中留下痕迹。

汉语方言历史悠久,分布地域广阔,使用人口超过 10 亿,方言种类难以计数,方言差异极其复杂。中国是当今世界上语言资源最丰富的国家,是语言资源大国。随着我国工业化、现代化的高速发展,大量人口离开世代居住的农村,涌向各地,方言生态发生了巨大变化。方言和传统村落一样,迅速走向衰落。有识之士大声疾呼,保护方言、保护传统文化,铭记乡音,留住乡愁。人们也逐渐关注方言,认识到方言也是优秀传统文化的重要组成部分,具有重要的价值。2018 年,《陕北话》入选第二批优秀国产纪录片,它记录了以陕北话为载体的陕北文化,展示了民歌、秧歌、民谚、说书、道情、二人台等不同的方言文化。其实,留心观察,方言仍然并未走远,以其独特的价值,活跃在人们生活的某个角落。如《心急吃不了热豆腐》《决战刹马镇》等知名影片中就有保定方言的影子,相声演员高晓攀在其作品中也会用保定方言表演,浓郁的乡音使观众乐不可支,影响极深,效果也很好。

目前,依托中国语言资源保护工程一期建设,我国已经建成了世界上最大规模的语言资源库和展示平台。

第四节 方言文化调查

一、方言文化

方言文化,指用方言形式所表达的具有地方特色的文化现象,包括地方风物、民俗活动、口彩禁忌、俗语谚语、民间文艺等。"中国方言民俗图典系列"(高峰2020)介绍了房舍建筑、日常用具、服饰穿戴、饮食起居、农工百艺、婚育丧葬、岁时节令、游戏娱乐、宗教信仰等,给我们提供了一个记录研究方言文化的视角。方言民俗是地域文化的重要内容,具有明显的地方性。方言文化的其他方面也具有地域性,可以采用同样的方式加以记录保存。

目前,方言式微,需要更多的人关注这一问题。作为当代大学生,更有责任和义务去记录、保存、保护汉语方言。

二、非物质文化遗产

方言也是非物质文化遗产。庄初升(2017)主要从非物质文化遗产学的角度阐述了方言属于非物质文化遗产的原理。按照《保护非物质文化遗产公约》的规定,非物质文化遗产指被各社区、群体,有时是个人,视为其文化遗产组成部分的各种社会实践、观念表述、表现形式、知识、技能以及相关的工具、实物、手工艺品和文化场所。包括以下方面:①口头传统和表现形式,包括作为非物质文化遗产媒介的语言;②表演艺术;③社会实践、仪式、节庆活动;④有关自然界和宇宙的知识和实践;⑤传统手工艺。这些非物质文化遗产可以说都是以具体的某一语言或方言作为媒介,语言的非遗属性非常特殊,它既是口头传统和不少表演艺术的载体,其本体也是一种非物质文化遗产,也是文化的重要组成部分。

目前,我国已经形成了语言保护的中国方案,开展了保护语言的中国行动。2003年,联合国教科文组织通过《保护非物质文化遗产公约》。2004年,中国成为《保护非物质文化遗产公约》缔约国。2005年,我国国务院发布《关于加强我国非物质文化遗产保护工作的意见》和《国务院关于加强文化遗产保护的通知》;2006年,公布《第一批国家级非物质文化遗产名录》。2011年2月25日,为了有效推动非物质文化遗产保护工作,《中华人民共和国非物质文化遗产法》由第十一届全国人民代表大会常务委员会第十九次会议通过发布,自 2011 年 6 月 1 日起施行。这为保护工作提供了法律保障。目前,中国政府形成了"国家、省、市、县"四级保护体系,确定了充分尊重民众的创造性,以全面性、代表性、真实性的普查原则,提出了非物质文化遗产保护工作应遵循的生命性、整体性、人本性、创新性原则,可以说初步形成了非物质文化遗产保护的中国方案。

自 2004 年开始,国家成立专门的机构,开展非物质文化遗产保护工程。省市县各级政府随即跟进,在调研基础上公布了各级各类非物质文化遗产名录、传承人名录,成立了专门的网站,出版了一系列文献专著,确定了"保护为主、抢救第一、合理利用、传承发展"的方针。这些制度有效地推动了保护工作,并取得了积极的成果。目前,我国已经成为世界上拥有非物质文化遗产数量最多的国家。

在非物质文化遗产保护工作中,中国政府、学界积极参与国际合作,贡献中国方案。如 2018 年 9 月,主题是"语言多样性对于构建人类命运共同体的作用"的首届世界语言资源保护大会在长沙召开,并发布了《岳麓宣言》。《岳麓宣言》是联合国教科文组织首个以"保护语言多样性"为主题的重要永久性文件。这是中国与国际社会合作、贡献中国智慧、推动世界语言资源保护工作的重要体现。

图 1-4 中国非物质文化遗产徽标(吴亚辰绘制)

三、调查程序

1. 拟定提纲,做好相应准备

根据调查目的,确定调查方言文化中的哪一部分,认真搜集资料,拟定调查提纲。此外,还需要做好调查前的其他准备,比如查看天气情况,不是本地人还要了解当地风俗、携带基本药物等。

2. 走向田野,寻找合适发音人

找对合适的发音配合人,是调查成功的关键一环。要动员一切力量,寻找合适的发音人,尽快建立互信,帮助发音人熟悉调查流程、知晓调查目的,以便积极配合,顺利推进。

3. 认真记录,做好志愿工作

除了纸笔外,还可以使用录音笔、摄录设备等,全方位保留方言文化实态。这是为后人保留一份文化记忆的志愿工作。

四、调查工具

《中国语言资源调查手册·汉语方言》里面的技术规范和《中国方言文化典藏调查手册·技术规范》为调查提供了详细的全方位技术指导,可以参阅。下面从中摘录相关内容,简要介绍一些调查工具。

1. 国际音标输入法

目前,学界常用的国际音标输入法主要有IPAPANNEW(云龙输入法)、社会科学研究院国际音标输入法、蓝蝶输入法等,可以在相关网站下下载,安装使用。

2. 录音软件

2.1 Audacity录音软件

Audacity(此处指win-unicode-1.3.12版)是一款强大免费的录音和音频编辑软件,支持中文界面显示,在Windows XP、Windows Vista、Windows 7等操作系统中都能稳定运行。Audacity可用于测试背景噪音、录音、标注录音、剪辑录音、批量切分音频文件、消除噪音等。Audacity创新的Unicode标签和批量切分录音功能为高效快捷地整理录音提供了便利。

2.2 北语录音

"北语录音"(英文名称:byly)是由北京语言大学语言研究所组织开发的一款录音软件。它简便、易学、易用,适用于一般的语言调查特别是汉语方言调查,主要用于学术研究,不用于商业目的。北语录音可实现如下功能:①对调查条目逐条录音,录音时同步显示波形;②自动逐条保存并命名录音文件;③对已录条目重新录音后自动替换旧文件。

3. 标注软件

目前,使用较多的是"语宝"多媒体标注软件和Elan多媒体标注软件。二者是可以对音频和视频进行标识、创建、编辑、可视化、搜索的标注工具,意在为标识提供声音技术以及对多媒体剪辑进行开发处理。

第一章 汉语方言之美

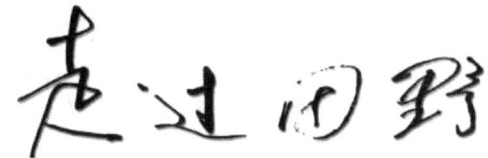

图1-5 曹志耘教授所著《走过田野》：记录了田野方言调查的故事

学习小结

本章从方言分区入手，介绍了人们对方言分区的探索过程，体现了人们对方言的认识不断深化的过程。通过方言之美和汉语方言中的文化两节，引导学生注意到方言与文化的密切关系，从感性层面认识到方言之美，进而认识到方言及方言文化的重要性，提升文化自信心和自豪感。同时，帮助树立方言是非物质文化遗产的理念，结合方言文化调查程序和手段，引导学生动手调查记录方言及方言文化，激发语言保护意识，增强文化责任感。

扩展链接

1. 方言与汉语国际教育：
(1) 张振兴.方言研究与对外汉语教学，《语言教学与研究》第4期.1994.
(2) 谭汝为.民俗语言与对外汉语教学，《语言教学与研究》第5期.2001.

（3）丁启阵.论汉语方言与对外汉语教学的关系,《语言教学与研究》第 6 期.2003.

2.易中天.大话方言.上海：上海文艺出版社,2018.

3.金宇澄.繁花.上海：上海文艺出版社,2013.

4.朱光潜.谈美.北京：中华书局,2010.

思考题

1.你怎么看待保护方言？这和推广普通话是否矛盾呢？

2.有人说方言文化完全就是俗文化,你怎么看？你怎么看汉语方言的文化之美、古典之美、生活之美？

3.有人认为方言消失是早晚的事情,没必要去争取记录保存,你怎么看？

关键词语

方言文化 dialect culture。

参考文献

1.鲍厚星,陈晖.湘语的分区（稿）,《方言》第 3 期.2005.

2.曹志耘.汉语方言的地理分布类型,《语言教学与研究》第 5 期.2010.

3.曹志耘.中国方言文化典藏调查手册.北京：商务印书馆.2015.

4.傅国通,蔡勇飞,鲍士杰,等.吴语的分区（稿）,《方言》第 1 期.

5.高峰.探索方言文化研究新范式,《中国社会科学报》8 月 18 日.2020.

6.贺巍.中原官话分区（稿）,《方言》第 2 期.2005.

7.黄晓东.也谈历史行政地理分析法在方言分区中的应用——以苏沪嘉地区为例,《北方论丛》第 2 期.2018.

8.教育部语言文字信息管理司,中国语言资源保护研究中心.中国语言资源调查手册·汉语方言.北京：商务印书馆,2015.

9.李蓝.西南官话的分区（稿）,《方言》第 1 期.2009.

10.李锐.为什么要弘扬中华优秀传统文化——学习习近平总书记关于弘扬中华优秀传统文化重要论述,《光明日报》03 月 28 日.2019.

11.李小凡,项梦冰.汉语方言学基础教程.北京：北京大学出版社,2009.

12. 刘淑学.冀鲁官话的分区(稿),《方言》第 4 期.2006.

13. 刘祥柏.江淮官话的分区(稿),《方言》第 4 期.2007.

14. 乔全生,王鹤.山西洪洞大槐树移民的方言学实证,《中国语言文学》第 2 期.2019.

15. 沈明.晋语的分区(稿),《方言》第 4 期.

16. 谭汝为.天津方言与地域文化,世界科学论坛.2010.

17. 汪国胜,赵爱武.从地域文化看武汉方言,《汉语学报》第 4 期.2016.

18. 王福堂.汉语方言语音的演变和层次.北京:语文出版社,1999.

19. 王晓旭.美学原理.东方出版中心,2012.

20. 叶朗.美学原理.北京大学出版社,2009.

21. 余霭芹.粤语方言分区问题初探,《方言》第 3 期.1991.

22. 张惠英.临高人被称"贝、翁贝"探源,《汉语学报》第 2 期.2016.

23. 张继敏.北京官话,《方言》第 1 期.2008.

24. 张树铮.胶辽官话的分区(稿),《方言》第 4 期.2007.

25. 张振兴.闽语的分区(稿),《方言》第 3 期.1985.

26. 张志敏.东北官话的分区(稿),《方言》第 2 期.2005.

27. 郑伟.边界方言与汉语方言的分区分类,《中国社会科学报》2016 年 08 月 10 日.2016.

28. 中国社会科学院,澳大利亚人文科学院.中国语言地图集.北京:商务印书馆,1987.

29. 周磊.兰银官话的分区(稿),《方言》第 3 期.2005.

30. 朱光潜.谈美.北京:中华书局,2010.

31. 朱光潜.谈美书简.北京:中华书局,2012.

推荐书目:

(1)"方言与文化丛书".北京:中国国际广播出版社,2015.

(2)"中国语言文化典藏"(20 卷).北京:商务印书馆,2017.

(3)曹志耘.走过田野.北京:商务印书馆,2000.

(4)李小凡,项梦冰.汉语方言学基础教程.北京:北京大学出版社.2009.

(5)李宇明,王莉宁.輶轩使者:语言学家的田野故事.北京:商务印书馆,2020.

(6)罗常培.语言与文化.北京:北京大学出版社,2009.

(7)王立新.中国传统文化概论.北京:北京广播学院出版社,1994.

(8)徐红燕.语言学家的故事.北京:中国经济出版社,2005.

(9)游汝杰.汉语方言学导论.上海:上海教育出版社,1992.
(10)周振鹤,游汝杰.方言与中国文化(修订版).上海:上海人民出版社,2019.
(11)朱建颂.方言与文化.武汉:华中师范大学出版社,2015.

第二章　方言词汇之美

本章导读

宋朝陆游在《老学庵笔记》卷二中曰："《酉阳杂俎》云：'茄子一名落苏。'今吴人正谓之落苏。""落苏"一词，是茄子的俗称，在江苏、浙江、上海与安徽一带的部分地区可闻，为吴语方言词汇。我们根据陆游的记载推测，"落苏"的故事应该发生于"五代十国时代"的吴国，本意为吴王妃子怀中孩子帽上的漂亮流苏，这一词体现了茄子的体态之美。

作为民族共同语的地方分支的汉语方言，在中国传统语言学中被称为"殊方异语"。对于方言中的词汇的差异，汉朝的扬雄早就开始了深入而语料真实可信的研究，他搜集了丰富的方言词汇材料，编纂了中国乃至世界上第一部方言汇集——《輶轩使者绝代语释别国方言》，采用比较分析的研究方法，揭示了错综复杂的方言现象。此后由于音韵研究的开展，人们比较重视历史语音学的探索，而方言词汇的研究很少取得进展。

我们通常都认为方言间的差异主要在于语音，而词汇和语法在方言间的差异并不如语音差异明显。所谓差异，主要表现为各方言间的人们进行交际和交流思想时，互相理解的程度差别。差异小的，就比较容易达到相互了解；差异大的，相互难以理解。阻碍着这种相互了解的原因，在大部分情况下，是因为词汇的差异。由于方言词汇的差异，加剧了方言之间的分歧。这部分差异也为方言的语言魅力增光不少。

【学前思考】

举例说出方言中哪些词语让你感到特别美？

【学习目标】

(1) 了解汉语方言词汇的特点。

(2) 理解方言词汇和普通话词汇的异同，理解方言词汇的丰富性。

(3) 品味方言词汇的魅力、活力。

【学前体验】

【音频 2-1　山东青岛即墨方言词汇】

(2-1 山东青岛即墨方言词汇 何金鸿发音录制)

【音频2-2 山东青岛即墨方言词汇】

(2-2 河北石家庄藁城方言词汇 张晓芊发音录制)

【音频2-3 上海方言词汇】

(2-3 上海方言词汇 吴亚辰发音录制)

第一节 何为方言词汇

词汇是语言的三要素之一,是构成语言的材料,数量大,涉及生产、生活方方面面。方言词汇是构成方言的材料,各方言区的词汇之间及其与普通话之间表现出重重差异,展示了汉语方言词汇的丰富多彩。

一、方言词汇间的差异

现代汉语方言纷繁复杂,每个方言区可以分出不同的方言片。例如,湘方言可分为三个片:长益片,以长沙话为代表;娄邵片,以娄底话为代表;辰溆片,以辰溪话为代表。每一片下面就是不同的方言点,例如辰溆片包括辰溪、溆浦等方言点。每个方言点之间、方言片之间、方言区之间都存在着语音、词汇、语法上的差异。总体来说,它们都与汉语普通话存在着各个层面上的差异,其中语音上的差异最大,同时词汇差异也比较明显。

例如,同一种东西"甘薯"(学名),北京叫"白薯",济南叫"地瓜",太原叫"红薯",西安叫"红苕",武汉叫"苕",扬州叫"山芋",广州叫"番薯"。

在《汉语方言地图集》调查的930个方言点中,"甘薯"有近120种不同的词形,根据中心语素的不同可大致分为五类:"薯"类;"苕"类;"芋"类;"地瓜"类;"山药"类。总体上来看,"地瓜"类主要分布在北方地区,"芋"类主要分布在南方地区,"薯"类"山药"类兼跨南北,"苕"类主要在中西部地区。究其原因,主要是因人们对事物理解的不同,同一事物可能被归为不同的类属,就会出现不同名称,如"薯"主要指具有可供食用块根或地下茎的一类陆生作物,今江西、两广、湖南一些地区就直接称甘薯为"薯";"苕"古书上指"凌霄花""野豌豆"或"苇子的花",今川贵鄂地区多用此称呼甘薯。

官话几乎占有全国汉语地区的3/4左右、汉族人口的70%以上,从东北的黑龙江、吉林,一直到西南的四川、云南,人们基本上可以比较自由地交流思想。即使有些语音差异比较大的"土语",它们也不会到互相听不懂的地步。北方方言区里的次方言或土语之间,如果说理解有困难的话,那也是许多词语的叫法不同而造成的。通常不在于语音方面有什么障碍,如"n"和"l"不分,前鼻音韵母和后鼻音韵母

第二章 方言词汇之美

不分,有无入声,等等,这些最多使对方觉得有些"不自然"而已。但是有些词汇差异之大,导致对方无法交流甚至闹误会。例如某些亲属类的称呼:

爹,湖北天门话是"祖父"的意思。

爷爷,湖北京山话是"父亲"的意思。

公公,重庆话是"祖父的姐(或妹)夫"的意思。

粥,河北沫源话是"干饭"的意思。

客,河南新乡话是"女儿"的意思,而河南项城话是"女婿"的意思。

方言中亲属词汇之间的差异研究是一个不小的研究课题。

即使是北京话,语音虽然被公认为好懂,而土语词却使人煞费猜疑。如"撒鸭子(跑)""二乎(犹豫)""宣(松软)""精豆子(聪明小孩)"等,外地人听了也是十分茫然的。

汉语方言在词汇层面上的差异主要表现在三个方面:构词语素差异、音节数量差异和词义差异。

(一)构词语素差异

方言词汇在构词语素方面的差异,主要表现在词根、词缀或语素顺序不同几个方面。汉语词汇库非常庞大,其中构词语素也十分丰富。这些语素有些来自古代汉语的传承,有些是来自其他民族语言的外来词。不管词源来自何方,这些都是我们用来造词的材料。其中既存在着大量同义的语素,也存着大量非同义的语素,这就为各方言的选词提供了丰富的材料和宽阔的选择空间。

各方言的情况各不相同。当人们对同一事物、同一动作或状态选择不同的语素加以表达时,才能形成异形同义词,也是方言词差异形成的原因所在。所以说,构词语素选择的差异是形成方言词差异的重要原因。我们知道构词语素分为词根和词缀。

首先看词根差异。

"吃饭"的"吃",梅县、广州和福州等地说"食"。

"狗",福州说"犬"。

"书",厦门说"册"。

"锅",苏州、温州、广州、梅县人说"镬",福建人说"鼎"。

"看",广州说"睇",济南人说"瞧"。

"闻",南昌、温州说"嗅",梅县、厦门说"鼻"。

"喝",广州人说"饮";"走",梅县、广州、厦门说"行";"跑",广州、厦门说"走"。

"眼睛",潮州说"目"。"眉毛",潮州说"目毛"。

"翅膀",温州、广州、厦门、潮州说"翼"。

"筷子",温州、厦门、福州说"箸"。

再看词缀差异。

"鼻子",苏州、温州说"鼻头"。
"锄",武汉、广州、厦门说"锄头"。
"金子",温州、潮州、福州说"金"。
"木头",广州说"木"。

还有,有的方言用"仔"作词尾,而普通话则用"子"作词尾。比如:刀仔(刀子)、锯仔(锯子)、凿仔(凿子)、钳仔(钳子)、亭仔(亭子)、褥仔(褥子)、毯仔(毯子)。

词缀位置也存在着差异。同一个词根,有的方言加前缀,有的方言加后缀,这从而形成方言词差异。如厦门方言的阿妙、阿嫂、阿婶,济南方言要被说成妙子、嫂子、婶子;厦门方言的"阿姨",长沙方言说成"姨子"。

最后看语素顺序差异。"客人",温州、长沙、南昌、梅县、广州、厦门、福州说"人客"。"公马、公驴、公羊",广州、厦门说"马公、驴公、羊公"。"母马、母驴、母羊",厦门、福州说"马母、驴母、羊母"。

(二)音节数量差异

以陕西方言为例,与普通话对比,存在明显的音节上的差异。普通话中的一些双音节词,在陕西方言中为单音节词。例如:

普通话:缺少　猴子　看管　漂亮　得意　妈妈　手表　桃子
陕西方言:短　猴　照　俊　能　妈　表　桃

陕西方言中与普通话双音节词对应的单音节词有很多,有的完全是义同形异,如上例中的短、照、俊、能;有的是选择普通话中比较有区分特点的一个音节,如上例中的猴、表、桃;而有的区别在于叠音与非叠音,普通话中的有些叠音的双音节词,在陕西方言中是不叠音的单音节词,这类词一般是表示亲属称谓的词,比如妈妈—妈,等等。

普通话中有的单音节词,在陕西方言中是双音节词。例如:

普通话:蹲　章　地　痣　云　眉
陕西方言:圪蹴　戳子　脚地　隐记　云彩　眼眉

普通话中的一些双音节词,在陕西方言词中相对的是多音节词或短语。例如:

普通话:早晨　元旦　板凳　手指　口袋　台阶
陕西方言:大清早　阳历年　板凳子　手指头　倒衩子　圪台子

陕西方言是双音节词,而普通话是多音词或短语,此类数量不多。例如:

普通话:自行车　暖水瓶　切菜板
陕西方言:车子　暖壶　案板

由上可以看出,从音节数量上来说,陕西方言的单音节词和多音节词多于普通话,双音节词较少。

(三)词义差异

词义包括理性意义和非理性意义两个方面,其中,非理性意义又分为感情色彩、语体色彩和形象色彩三个方面。方言词汇在理性意义上存在差异,同时在非理性意义上也存在明显的差异。下面举例说明。

理性意义的范围大小在不同方言中会有差异。苏州话中"馒头"和"包子"不分,都叫"馒头",不过要细分的话,"馒头"有"大包子馒头"和"实心馒头"的区别。长沙话中"苍蝇"和"蚊子"都叫"蚊子",详细地说,普通话中的"苍蝇"叫"饭蚊子",普通话中的"蚊子"叫"夜蚊子"。

梅县、广州、厦门和福州"肥"和"胖"不分,都叫"肥"。非理性意义中的感情色彩差异。"老头儿"和"老头子",北京话和济南话中,"老头儿"带褒义,是爱称;"老头子"带贬义,是憎称。合肥、扬州和南昌只说"老头子",没有贬义。

语体色彩差异。北方方言里,偶尔也说"何如""未曾""见笑""系"(某某人系陕西凤翔县人),显得文言味很重,带有书面语色彩。但在福州"何如""未曾""见笑""系"都是十分通俗的口语。

形象色彩差异。"萤火虫"一词,苏州话叫"游火虫",南昌叫"夜火虫"。"香蕉",梅县、厦门、潮州又叫"弓蕉"。"黄瓜",厦门叫"刺瓜",潮州叫"吊瓜"。

(四)形义无关

前三种差异都是在普通话词汇与方言词汇存在语素、意义上的联系的前提下进行比较而得出的结论,而此处"形义无关"指的是某一意义在某些方言用一个词表达,在其他方言必须用词组来表达,或者根本不存在这个概念。

例如,"回家"在一些方言里就没有相对应的词。凤翔话只能说"回来""回去",上海话只说"转去""转来",厦门话只能说"倒去""倒来"。又比如,上海话的"拆烂污"比喻不负责任,把事情弄得难以收拾,西安话中就没有相对应的说法。

二、方言词汇差异的形成

方言之间的词汇差异是怎样形成的呢?总起来说,有以下三个方面的原因。

首先是现实现象的影响。例如方言区的自然环境就会影响当地的方言词语。

举个例子,南方亚热带地区不见霜雪,当地人冰、霜、雪往往分不清。广州话冰、雪都叫雪,有关冰的词语都说成雪:雪条(冰棍)、雪糕(冰淇淋)、雪屐(冰鞋)、雪柜(冰箱)、雪藏(冰镇)。而厦门、潮州把"冰"叫"霜",建瓯把"冰"叫"霜冰";广东人长年洗冷水浴,洗澡往往是为了冲凉降温,洗澡在广州话叫"冲凉";在海南文昌话叫"洗热"。北方以面食为主,南方以米食为主,也影响到对粉状物的称呼。粉状物,北京叫"面",济南叫"面儿",西安叫"面面儿",太原叫"面面"。受此影响,同样的事物,北方叫"胡椒面儿",南方叫"胡椒粉";北方叫"辣椒面儿",南方叫"辣椒粉"。

其次是观念认识的影响。例如方言区的人可能因为避讳某个方言同音词而改变用词。例如:"伞",广东一带人叫"遮"。这是一个委婉词,避讳"伞"的同音词

"散"(散失的意思)。空置的房子广州话叫"吉屋",因广州话"空""凶"同音,避"凶"音而改用"吉"。"丝瓜",广州话叫"胜瓜"。广州郊区"丝""输"同音,避"输"而改用"胜"。广州话虽不同音,音"胜"字表吉利,也乐用之。"苦瓜",广州话说"凉瓜"。因"苦"字不祥,又"苦"者性凉,可以降火,随改用"凉"。"四叔""四哥",福建永定客家话叫"细叔""细哥",因为该方言"四""死"同音,为避"死"而改用"细"。

最后是语言内部因素的互相影响。方言的语音系统会影响词汇。如果一个方言的语音系统由复杂变简单,那么这个方言的词汇很可能发生变化。汉语北方方言由于语音简化,同音词增加。为了区别同音词,北方方言的一些单音节词被双音节词取代了。但南方方言的语音系统相对仍然比较复杂,相应的词就没有发生这类变化。例如:

"影子",温州、广州、厦门和福州都单说"影"。
"裙子",温州、广州、厦门和福州叫"裙"。
"袜子",温州、广州、厦门和福州叫"袜"。
"面子",温州、广州、厦门和福州叫"面"。

第二节 方言词汇中的历史文化

有些方言词汇,是过去的遗留,看似很"土",原来也是"雅"的。有些方言词汇,是受其他强势方言影响而借入的。方言词汇中,当你细细品味时,可以发现其中的历史人文气息。

一、方言词汇中的历史

追溯一个语言词汇的历史和来源,可以从该语言成分最早出现的记载开始,考据其语音、书写和词义的发展,分析它的组成部分,等等。根据可靠的语料记载来考察词的源头,在我们国家早已有人做过。东汉许慎的《说文解字》根据汉字的偏旁"糸"的资料推论,古汉语中有许多颜色词原来是用来专指布匹颜色的,如:"绀,帛深青扬赤色。"段玉裁在《说文解字注》中指出"深青"二字后应有"而"字,他还指出这儿的"扬"字应为"阳"字(阳字意义为鲜明)。"缁,帛黑色也。""绿,帛青黄色也。""红,帛赤白色。"

根据研究,方言词大致有三种词源:承传词、新词和借词。

什么是承传词呢?承传词是从古汉语继承下来的词。例如,广州话把"吃饭"的"吃"叫"食","食"就是广州话的承传词。

新词是近年新创造的词。例如,厦门话把会打扮的小青年叫"派头弟","派头弟"就是新词。

最后，借词是从其他语言中借来的词。例如，厦门话把暂时寄食于人，并帮助人家做些辅助性劳动的人叫"郎邦"。"郎邦"是借词，来自印尼语 long pang。

方言词的词源研究需要进行严格考证。考证方言词是研究方言词汇时非常重要的工作之一。考证方言词的词源需要对方言的语音和词汇进行深入细致的调查并且运用多方面的知识做周密的论证。

第一个考证的办法是考求本字。一个方言词是不是承传词，最主要的就是看这个词在历史文献中有没有出现过。方言词在历史文献中最初的书写形式就是这个词的本字。所以研究方言词中的承传词，实际上就是考证本字。例如，有一种动物，普通话叫"獾"。这种动物穴居山野，昼伏夜出。人们用其脂肪炼的油来治疗烫伤等。这种动物在西安话、凤翔话中就是一个承传词，本字为"貓"。考证本字要结合音义两个方面来考虑，即音义两个方面都要符合，还要尽可能利用文献材料作为证明。

第二个考证办法是识别借词。有些方言词是古代从原住民的语言借来的或近代从其他民族语言借来的。前者通常称为"底层词"，后者则称为"外来词"。先说"底层词"。两广有不少地名带有"那"，如广东的"那扶""那金"，广西的"那坡""那劳"。"那"据考证是壮侗语词汇。

再说"外来词"。"外来词"也叫"借词"。广州话把"扳手"称为"士巴拿"，借自英语 spanner，广州把"发酵粉"称为"泡打粉"，借自英语 powder。厦门话把"专用车"称为"把家车"，借自印尼语 pake。

外来词产生的根本原因是民族接触带来的语言接触，语言接触就产生了词汇的借用，也就是"外来词"。以重庆为例，历史上数次民族迁移（战乱期间中原民众南迁），造就了重庆这个民族大融合的城市，也造就了重庆方言这个复杂的方言词汇体系。重庆方言受到了北方方言的极大影响，例如，重庆方言中某些单音节叠词对陕西人来说非常熟悉，而后来清朝时期，湖广地区大量移民来到川渝地区，湖北方言与重庆方言有很多相似之处。所以，几次移民给重庆带来了大量的外来词，如湖广方言中的解[gǎi]手，江西话中的老表，湖南方言中的落雨（普通话中的下雨）等等，都在重庆方言词汇中有所体现。

二、方言词汇的文化之美

从文化地位层面上讲，文化可以分为主体文化和地域文化。地域文化是同一民族中不同地理区域的文化，它从属于民族主体文化。方言是地域文化的重要载体，又是地域文化整体的一部分。

方言为某一地区的居民服务，被深深地刻上了地域文化的印记。我们这里所说的"方言词语"既包括各地方言的特殊词语，也包括方言里跟民族共同语相同的词语。下面，通过举例说明它是如何反映地域文化的。

首先，方言词语及其含义受特定的物质生活条件制约。例如南方人的主食以米饭为主，他们说的"饭"是指的米饭。北方的"饭"主要指面食，如馒头、面条、烙饼、饺子，如果特指米饭，就必须说成"米饭"。北方把剩米饭与水一起煮开叫"稀饭"，与南方把米煮得烂乎的粥不同。以前广东人第一次在北京见到馒头，管它叫"大包"。苏州、温州等地却把发面蒸的带馅的包子叫"馒头"。

方言中一些常用动词，与汉语普通话的地区差异也比较明显。以吃为例，由于吃的对象不同，全国各地的叫法就有些差别：

北京话	吃饭	喝茶	抽烟/吸烟
上海话	吃饭	吃茶	吃烟
广州话	食饭	饮茶	食烟
湖北荆门话	吃饭	喝茶	喝烟

再比如，某些事物的名称在一些地方分得很细，在另一些地方却不加区别。在广东，没有煤的分类。而山西是我国产煤的重要省份，在那里，有关煤的叫法有30多种，如：煤（粉状的煤）、炭（块状的煤）、希炭（块状有烟煤）、笨炭（块状无烟煤）、蓝炭（块状焦炭）、擂炭（煤核儿）、炭块（大的块状煤）、炭块儿（碎煤块）等，反映煤与山西人民的生活有着十分密切的关系。

其次，方言词语及其含义也受特定的自然地理环境制约。我国北方寒冷、干燥，南方炎热、潮湿。北方多数地方的冷天长达数月之久，北方人对冰雪区分得十分清楚，带"冰"的词语很多：冰灯、冰城、冰雕、自然冰、人造冰、冰砣、冰棍儿、冰镇、冰厂、冰场、冰鞋、冰车、冰船、滑冰、冰窟窿、旱冰、冰橇、冰碴儿。而在广州一带终年不见冰雪，以致把"冰"说成了"雪"。如北京的"冰棍儿、冰淇淋、冰箱、旱冰鞋"，广州话说成"雪条、雪糕、雪柜、雪屐"；广州人还把冰厂、冰镇、冰镇巴鱼说成"雪厂、雪藏、雪鱼"，把冷冻猪肉说成"冻肉"。香港的淡水供应一直是个严重问题。香港人主要喝广东有偿提供的东江水，广东一天不供水，几百万香港人就会立刻陷于水荒。因此，香港人对水的使用倍加注意，淡水用于食用、洗澡和建筑，冲刷厕所则用海水。在水如此珍贵的香港社会里，一直有"水为财"的说法，以"水"组成的词语往往与财有关。如"大水喉"（喻有钱的人）、"大花洒"（喻挥金如土的人）、"五行缺水"（注定命穷）、"扑水"（到处筹款）、"度水"（借款或索款）、"收水"（提供赌具和赌场的人每次向赌赢者抽钱）、"一撇水"（一千元钞）、"大叠水"（大把钞票）。

方位词的使用也存在着南北差异。在南方，因山区和丘陵多，林木繁茂，一年四季阴雨天不少，生活在那里的人们见到阳光的机会相对较少，难以靠日出日落去辨认东西南北方向，因而习惯以人体的前后左右定出方向，使用"往右、往左、再往前"等词语。北方有辽阔的平原，大部分时间为晴朗天气，日出日落清晰可辨，所以用东（日出）西（日落）南北指示方位。北京是座方城，更有利于培养北京人区分方位的习惯，北京人能把东西南北区分得清清楚楚。在北京问路的时候，北京人总爱告诉你"往东、往南、再往东",不用"往前、往右、再往左"等词语。因此,用东西南北起头的北京地名很多。根据最近出版的《实用北京街巷指南》统计,像东单、东华门这样用"东"起头的地名就有187个,用"西"起头的有160个,用"南"起头的有128个,用"北"起头的有140个。

最后,方言词语及其含义受到地方风俗及人文风貌的影响。例如在北京方言词汇中的"爷"一词,相关"爷"称的词语很多,如:款爷(大亨)、侃爷(爱闲聊、神吹的)、冒儿爷(傻头傻脑、没见过世面的人,即"傻冒儿")、捧爷(马屁精)、柳爷(玩弄女性者)、托儿爷(从旁诱人受骗上当的人)、班爷(靠办各种培训班赚钱的人)等,颇有特色,全国罕见,它跟北京的地域文化的关系相当密切。元明清三朝,北京一直是帝都,是全国政治、经济、文化的中心。在封建社会里,各地到北京做官的、赶考的、经商的都很不少;这里曾是民族交融的地区,各式各样的人都有,使过去的北京人养成了文明礼貌的说话习惯。几百年来,生活在北京的人基本上可以分为两类,一类为上等人,另一类就是侍候人的下等人(也叫"下人")。下等人把上等人当老爷侍候,言谈举止都要看对方的脸色,虽不好受,终因不必"劳其筋骨,饿其体肤",就只好低声下气,称呼上等人为"爷"了。这种称爷习俗还可以追溯到明代。与此同时,北京下等人中,因讲究长幼有序,见到长辈也是"大爷、张爷、李爷"地称呼起来。后来,表示身份和辈份的两种爷称合流,都称"爷",成为北京的一种文化风貌。几百年来,对有身份、有辈份的男子称呼"爷"是北京人必不可少的礼貌,作为尊称的"爷"一直挂在身份和辈份较低的北京人的嘴边。今天北京的"爷"与历史上的"爷"称有继承性,仍用于尊称。如有些人见面,口不离"大爷、张大爷、李大爷"的,都是明证。20世纪80年代以来,在北京单音节流行语(如"侃、宰、款儿、倒儿")的后面加上类词缀"爷",成为当代北京一种有特色的流行语,它与历史上表示尊敬的爷称在感情色彩上已有所不同,或是嘲讽(如"倒儿爷、班爷、卡爷、棒爷、托儿爷、柳爷"),或是调侃(如"侃爷、板儿爷、的爷、股爷、款儿爷"),表现出北京人一向以幽默、诙谐著称的民风。

总而言之,方言词汇极大程度上受地缘环境、生产生活方式、风俗人文等因素的影响,体现了各地方言词汇的差异,从一定程度上也体现了各地群众在心理、性格、风俗、生活方式、劳动方式、思想观念、价值观念、思维习惯等方面的多样性。因此,了解汉语方言的文化积淀,有助于深入解释不同地区方言词语的特性。

三、以例说美——唐山方言词汇之美

唐山方言是我国方言中一个重要的组成部分,它的语言形式主要是以语音平重以及语调曲折多变为主,词汇的特点是使用的词语比较诙谐,深受人们的喜爱。唐山方言属于汉语北方语系,主要以汉语普通话为基础,但在语音、语调、节奏和语法构成上具有自己的特点,并且根据其发音组词等习惯,脱化出了带有地方性的词

语和俗语。

　　唐山方言俗语以及词语结构在语言发展的实践中形成了自己的个性,民间俗语质朴简练、形象绰约、风趣诙谐。比如,家用水壶俗称"掉子",家用风箱叫"风掀",农用犁叫"耠子",理发叫"剃头",河边叫"河沿",水桶叫"水筲",抹布叫"麻布",吵起来叫"广起来";把疑问词"什么"说成啥,"怎么"叫作"咋啦","这个"叫成"那个"。

　　构词方式也有自己的特点。重叠词很多,量词如"个个"。名词也使用重叠字,如"蛐蛐,蝈蝈"。在词尾加"子"也是许多人的说话习惯,如"棍子、小子、麻涮子"。另外,被动句使用"被"字很少,通常把"被"字换成"给、受、挨、遭、叫、让"等。

　　许多动词,使用时加上比喻和修饰。如"参加"叫"掺和掺和""摄个摄个","拿下来"叫"弄下来","打他"叫"收拾他","整人"叫"踩咕人"。

　　唐山人们更喜欢用民俗用语。说话前要说"那个啥"和"这回吧""甭想""傻样",迁西人说话时先说"努个",玉田人说话前一般先带有尊称"你老"。

　　有些地方语言结构倒置,如丰润、玉田人把"弄不进来",说成"弄进不来",市区和矿区人有时把"不知道"说成"知不道"。语气词丰富,常用"咧、吧、么、哪"等,这样的例子很多,比如"一早就往这里赶咧,那里还有吃饭的工夫咧"。

　　自古以来,唐山就是一个多民族、多地域文化的交汇区,尤其是清朝以来,满族人进关,随着满汉民族的融合,满语与汉语也逐渐融合,汉语接收了很多满语外来词。当时,唐山是满族八旗子弟的封地,满语遗留着实不少,对唐山方言词汇的影响也很深远。如称"膝盖"为"波棱盖儿"便是满语的影响。称"伙食"为"嚼谷儿"(这个词也曾在《红楼梦》中出现),有专家考证是满语的音译。

　　唐山方言与东北方言是分不开的。据史料记载,元末明初时期,唐山人因生计所迫,到东北谋生,尤其是唐山南部昌黎、滦南、乐亭一带的商人,在东北非常有名。东北的风土人情、方言习俗流传到了唐山,也融入唐山的语言中。如常用的"得瑟"便是东北方言,在唐山方言中常用的副词"老"也是引自东北方言。

　　北京方言对唐山方言的影响也同样非常大。比如,"邻居"为"介比子","招待客人"称为"待客[qiě]","特别"称为"忒","事情没有办成"说成"吹咧","不上进的人"称为"落道帮子","压根"叫"从来没有",这些明显都是北京方言中的词汇。

　　唐山方言词汇具有生动形象诙谐的特征。有些唐山方言词汇是通过描述事物的某个表象特性而造出的词,比普通话词汇更加形象生动。这些特性有些是事物的外在特征,如声音、形状、颜色等。比如在动植物名称上,"银鱼"叫做"面条鱼",取其形状像面条;"蛾子"称"扑棱格格",是以蛾子不断"扑棱"这一动作命名;"胡萝卜"叫"红萝卜",是根据其颜色命名;"蝉"称"吉溜儿",这是在模仿蝉的叫声;"车前子"叫"车轱辘菜",是因其形状像"车轱辘";"豇豆"称"娘娘带",是因其形状酷似玉带,而娘娘的玉带更增加了一种美感;"臭大姐"指"放屁虫",是根据这种昆虫排出的气味特点命名。

还有些唐山方言中有些词语采用了比喻、借代等修辞格,如"扯舌子"指"人爱说闲话,搬弄是非",以"舌子"代指"是非";"麻杆儿"用来叫"又高又瘦的人";"马猴"代指儿童"想象中的怪兽"。

唐山方言词汇在其语言发展实践和与外界语言融合中形成了自己的特点,由于其诙谐生动的特点,深受艺术工作者的喜爱,深植北方民俗文化艺术的土壤之中。例如成兆才先生根据唐山方言的特点,总结归纳北方地方戏的特色,创造出了唐山评剧,繁荣了冀东文化和民族艺术。另外,对于唐山方言,我们总会提起赵丽蓉老师和她的经典小品作品,其中说的唐山方言,风趣幽默,好笑,好玩,特别自然又十分真诚,这就是唐山方言给人们带来的独特魅力。《如此包装》《打工奇遇》《妈妈的今天》等等,俗艺术并不一定就粗俗,每一部小品都精雕细琢、不媚俗、接地气,也说明唐山方言浓厚的魅力与文化之美。

【音频 2-4 河北唐山迁西方言词汇】

(音频 2-4 河北唐山迁西方言词汇 王帅臣发音录制)

第三节 方言词汇与地域

一、地域文化中的方言词汇

方言词汇是地域文化最鲜活的表现。这种表现主要集中在以下几个方面。

历史变迁过程必然会在地域语言的演变过程中留下烙印。比如,新疆是多民族聚居之地,少数民族语言在与汉语的沟通过程中必然留下痕迹,因此新疆的方言词汇中留有许多特色词汇,并且至今仍在使用。如:"儿子娃娃"是对男人的一种称赞,"眼睛小"是指某人吝啬小气的行为,"皮牙子"是指食材洋葱。19 世纪末,中东铁路开始运营,哈尔滨地区与俄罗斯的交往开始变得频繁,为了方便交流,俄语词汇开始进入东北方言中,如:"笆篱子"是指监狱,"格瓦斯"是指一种面包渣酿制的啤酒饮料,"布拉吉"是指姑娘们常穿的连衣裙。

不同地域的物产、饮食差异都会成为形成特色的地域文化方言词汇的契机。由于地理环境、气候条件的千差万别,农作物的种植类型均有差异,这些都会反应在相应地区的相应食物种类、饮食习惯等方面。扬州是中国东部沿海城市,海鲜众多,常用的方言词汇中多充斥着海产品的身影,如:将整日游手好闲、无所事事的称为"捞鱼摸虾的",将说话、做事呆板不知变通的人称为"虎头鲨",而将十几岁调皮捣蛋的孩童戏称为"小鲫鱼壳子"。

避讳是中国社会广泛存在的一种文化现象,由于不同地区的历史背景、习俗和风貌以及居民生活习惯的差异,为了避免某些语音、语义或语用产生的忌讳而产生的特色方言词汇。例如中国各地都忌讳说生病,因为旧时医疗条件不发达,生病常与死亡联系在一起,因此山西大同对生病不说生病而改说"难活",看病也要说"看大夫",而重庆则将生病改说为"人不好",在病情有所好转时则称为"松活点儿"。

方言词汇中有些体现了人民对于美好生活、富裕生活的向往,反映了人民祈求平安喜乐、发财纳福的心理状态。这类词汇多是谐音词汇,语音多与某类吉利词或避讳词音同。如:在山西地区,新娘进入婆家前会由亲朋好友向她撒五彩纸和盐,口中还会喊"添缘分啦",这是因为在晋北地区"盐"与缘分的"缘"同音,这种行为是希冀新娘与婆家的缘分不会断,幸福过一生,是吉利词的一种。

方言词汇有时与所处地域的地理状况紧密相连。例如:新疆地域辽阔,山脉纵横,因此山沟众多,地名多以沟为名,如碾子沟、甘沟、水西沟、东沟……天津紧挨渤海湾,水贯穿于城市发展进步的始终,因而在有关地名的设置上多采用与水相关的词,双港、贾家洼、南淀、大滩……

二、方言词汇与汉语国际教育

中国在国际舞台上的影响力不断增强,来汉语语源地——中国——进行汉语学习成为越来越多外国学生心之所向。外国学生来中国后,在学习的过程中除了对语言本身的学习以及中华文化的了解外,也不可避免地接触学校当地的方言。

在实际教学过程中,我们发现虽然学生在课堂上已经学习了普通话词汇以及相关中国文化知识,但是在课后的交际过程中有时候却达不到课堂上预设的交际情境下应有的效果,这是因为实际的交际环境融合了方言,在这一语境下当地人的语言时常夹杂着一定的方言词汇,这影响了留学生对交际中话语的理解,交际达不到应有的效果逐渐影响留学生对于目的语学习的积极性。因此考虑到这一情况,我们建议国内的对外汉语教学插入一定比例有代表性的地域方言词汇,一方面让留学生积极投入真实的目的语学习环境中,另一方面可以让方言词汇与地域文化成为教学活动的有益助力。

方言是地域文化最生动的体现,被学者们称为研究地域文化的"活化石"。在留学生的实际日常交际活动过程中,由于学习生活所在地区的人们并不是都使用标准的普通话进行交际活动,会有一些方言成分参与交际过程中,特别是方言词汇,因此留学生不掌握好常用的交际方言词汇就难以达到学习和使用目的语进行交际的目的。交际障碍的发生往往都是对方言词汇的不理解所引起的,如:太原话有一个词叫"牌牌",留学生可能误以为是门牌的一种,但实际上"牌牌"是指在吃饭的过程中为了防止油或其他污渍沾染衣物而佩戴的围兜。湖南地区降水天气多,气候潮加之水系众多,因此形成了别有风味的水乡文化。在长沙方言中,"走水路"会按照字面含义误以为是行人沿着河道走,事实上,它的真正意思是采用一些人际关系来处理事情的方式。

第二章 方言词汇之美

这些具有地域文化色彩的方言词汇通过日常生活的语言环境不可避免地与留学生接触,在此过程中,假如留学生的误解长时间没有得到纠正势必成为干扰语言教学的因素,因此有必要对地域文化环境下的方言词汇进行研究。方言词汇中体现的地域文化教学一般开展于对外汉语教学高级阶段,在这一阶段学生可以用汉语较为流畅地和汉语母语者进行交际活动,开展一定量的方言词汇教学,有助于这些学习者加深对汉语文化环境下社会文化的理解,促进目的语的学习。在教学过程中,陆俭明指出:"对外汉语教学,词汇教学在教学内容的比重分配上应属于重点教学内容。"在论述了上述几方面地域文化体现的方言词汇后,了解到地域文化教学在中高级阶段可以通过方言词汇的讲授来开展。我们通过对相关文献资料的收集和整理以及相关中文教材的总结和分析,可以得知,在汉语作为外语的教学过程中,受重视程度不高甚至存在忽视现象是区域文化内容的存在现状。我们的研究视角可以从实际的汉语教学过程切入,为对外汉语教学中融入地域文化方面的教学提出一些建议和设想,可以促进对外汉语教学的研究及发展,使接下来的教学过程更加贴近学生的需求,与习得汉语的规律更为符合,从而提高了国际学生的学习效率和教学效果,希望它能对后来的研究地域文化融入教学问题的相关学者有一定的启迪作用。以下是几点建议。

1. 完善高年级留学生地域文化课课程体系

目前,对外汉语教学的课程体系中已经设置了种类繁多的语言和文化的选修课,例如:剪纸、书法、太极拳、汉语角……这些文化类选修课在一定范围上拓宽了留学生的学习深度,主干课程在讲授过程中也会穿插相应的文化点让留学生进行学习,但可惜的是并不能高效地解决国际学生实际沟通过程中直面的文化冲突问题。这是因为留学生开始尝试与当地居民进行频繁的交际活动,因此高年级的留学生面临的不仅仅是汉语普通话和中华主体文化,还有地域文化内容和方言词汇。根据国家语委的调查显示,2000—2010年居民的普通话水平总体由50%提升至70%,但是方言的使用情况没有发生变化,在日常生活中普通话的使用概率仍不高,居民最常使用的交际语言仍然是方言。针对此类情况,我们可以在留学生的高年级阶段在课时范围内,开展与学校所在地的方言情况相适应的方言选修课和地域文化体验课程,以此来弥补对外汉语主体课程内容的不足。

地域文化体验课程可以让留学生切身体会自己现在所居住的城市丰厚的历史文化遗产、独特的城市魅力,让留学生生动、直观地了解地域文化知识。因为地域文化体验课程因为课程时间的限制,并不适合单独在课堂上开展,我们要选取博物馆、纪念馆、文化产业园等公共资源为教学工具向留学生介绍所在城市的自然资源、历史文化及人文风貌。教师也可以结合学校当地的旅游名胜景观,向留学生介绍当地的独特自然风光以满足留学生的出游需求;可以结合当地的特有风貌,增近他们的亲近感。教师可以选取性地选择景点组织一日游,以伊宁为例,可以将学校设为出发点,以伊犁河景观大道、伊宁市规划展览馆、八达·赛里斯文化广场、巴彦岱"这边风景"文化街——达达木图乡布拉克村"塔兰奇民族博物馆"、王蒙书屋、喀赞其民俗旅游区、臻品旅游文化街、汉家公主纪念馆、伊犁州博物馆为具体路线。在这一活动过程中,教师要结合当地的地域文化特色设计相关的主题活动,在课堂上以图片或视频的形式预先向留学生讲授主题活动的知识,向留学生布置有关的探究问题,让留学生带着问题走向实际的社会活动,在社会活动中亲身体会中华文化,而后做好相关记录以便回到课堂上在留学生之间相互交流心得和体会。

方言选修课的设置是为了让留学生缓解课上懂、课下懵的交际困境,比如:扬州话"打脸"是指在脸上涂抹脂粉、化妆的意思,如果不加以讲解,留学生在交流中可能会误认为这个词表示一种无礼的行为举止,是打别人脸的动作。又比如,新疆话中的"骚","骚"常见的含义是指一种不安定的状态或特指某一个人轻浮的举止,但在新疆话中"骚"往往还可以表示某个人的行为十分厉害或者某个物件十分高端。留学生若是不了解"骚"的另一种地域含义,就会对"你这个行为骚的很"这句话不理解,甚至产生误解。因此选取适应于学校所在地方言区的常用词汇作为教学资料,让留学生在本土语言环境下再次学习和加强目的语的学习,可以提高实际交际环境背景下的沟通效率。

2. 培养适应地域文化课程的师资力量

在留学生的高年级开设适应于学校当地的地域文化课程,必须了解当地地域文化且具备对外汉语教学经验的老师来讲授。此外,在现阶段,中国只有少数几所学校在针对国际学生的汉语课程中提供地域文化教学课程。但是,随着在中国留学的国际学生人数的增加以及对外汉语学科研究的深入,留学生对于学习、了解地域文化知识的需求会逐渐上升,那么就有必要培养既熟知学校当地地域文化知识又具有对外汉语教学经验的老师。培养这方面的师资力量,首先,可以考察教师是否具备深厚方言知识,选拔出能够进行方言词汇教学的对外汉语教师。因为只有专业的对外汉语教师,才熟知对外汉语的教学规律、教学手段,能够在方言词汇的教学过程中讲清楚、讲明白,让方言词汇成为教学的有益助力而不会喧宾夺主。其次,提升对外汉语教师的方言知识和文化素养,尤其是从教所在地当地的地域文化素养。由于对外汉语教学的跨文化交际的特殊性质,只有教师自身具有较高的地域文化素养,才可以在面向留学生传播当地地域文化时,讲清楚地域文化与中国文化之间的关系,让地域类文化特色成为助力一线教学实践落于实地的助推器。培养能够进行方言词汇及地域文化教学的对外汉语专项教师具有较高的难度,这不仅要求老师能够熟练地使用汉语普通话,对方言知识有体系性的研究经历,还要求有较高的地域文化素养。最后,可以邀请当地的手工艺者、民俗工作者以及社会中熟知地域文化知识的人士进入对外汉语课堂,让这些熟悉地域文化知识的社会工作者在课堂上以演示或交流的形式向留学生展示地域文化内容。在这其中,留学生不再单向地听取老师的单方面的介绍,而是在实践中亲身体验地域文化的丰富内涵,在双向互动沟通过程中掌握提升他们的整体人文素养。总而言之,相关师资力量的培养离不开教师自身努力的同时,也离不开学校相关部门与民间艺人、民间组织的帮助。

3. 编写蕴含地域文化的辅助读物

30余年间,有关于文化教学的基本教学理论问题、文化内容的选取问题、文化与语言间的关系等问题得到论述,研究从文化课程的设置到文化教材的编写,再到对文化大纲的设想,学者们在这过程中取得了丰硕的理论成果,这为我们日后的文化教学研究以及编写相关地域文化辅助读物的准备工作提供了严谨而细致的参考性理论依据。为了有效缓解主要课程缺乏区域文化知识点与外国学生对区域文化知识的需求之间的矛盾,我们有必要撰写与大纲及教材相适应的蕴含地域文化的辅助性读物。

教材是教学活动在课堂上得以实施的重要依据,与教学活动贴合是教材最基本也是区别于其他发行刊物的主要功能。在高年级的留学生中引入方言选修课及地域文化体验课程就需要提前编写适应于学校所在地方言区文化背景下的地域文化辅助性读物;否则,留学生的相关包含地域文化内容的教学活动则无据可依,不能为高年级的留学生的方言词汇及地域文化学习过程提供翔实的事实依据。地域文化辅助读物的内容在编排时,留学生学习阶段与教材知识点的难易程度要相适应,考虑学习者的心理特点和学习规律的适应性,安排教学内容讲求科学,由表及里,逐层递进。一部编写优秀的对外汉语教科书除去要求科学合理的安排内容外,还要充分考虑到教材文本选取语言材料的实用性,选取地域文化内容要在真实的语言交际环境中得以使用,与留学生的实际学习需求相适应,选取的语言材料风格要多样、多元,不可走马观花、泛泛而谈。

辅助读物在语言材料的选取时还要兼顾语言材料的多样性和生动性,让辅助读物中的实际案例增强留学生的学习兴趣。在练习量和词汇量的设置上,力争与主体课程教材相匹配,突出地域文化和方言知识的同时安排适量的词汇量和练习量,让地域文化辅助读物成为主体课程中教授知识的复现场所。

在辅助性读物的编写准备工作上,还要注意系统性的对方言词汇的本体研究。只有对地域文化本体和方言词汇进行系统的、体系性的深入的研究,才可以对编写内容做到心中有数。我们在编写过程中需要注意的一点是,中国方言种类众多,各方言区内部仍旧会分为不同方言片、方言点,例如:粤语(区)—粤海(片)—广州话(点),这些方言区内的方言虽然在一定程度上有相似性,但是仍有细微的差异,因此在编写地域文化辅助教材时需要基于某一方言点的方言而非整个方言区,方言点的选取并非固定不变,而是要参考留学生实际参与交际的方言环境,可以是学校所在地的方言点,也可以是留学生日后将要生活、进修时面对的方言点。此外,还需要对选定的方言点进行深入调研。只有对方言点内的方言特点、代表性地域文化进行深入研究，才可以在编写教材的过程中对地域文化内容有一个宏观的认知，从而掌握好地域文化本体和方言词汇的整体规律，在选取内容上才不会流于形式或脱离现实。

4. 适当增加通用教材中地域文化的内容

不论是现有大纲还是教材，都较少关注地域文化和方言词汇。因此，为了弥补大纲及现行教材中存在的问题，可以通过通用教材课程内容扩展的方式进行。针对教材课程内容范围，地域文化内容的扩展分为两个方面，一方面是对教材中的文化内容的扩展，另一方面是针对教材中的词汇量的扩展。

教材中的相关地域文化内容的扩展，可以采用对比式的教学方法。所谓对比式教学，是指将主体文化内容和地域文化内容中属性相似的内容比较，通过对比主体文化内容和地域文化内容的异同之处，从留学生的实际感官体验入手，在比较中让留学生领会地域文化与中华文化的关系，对地域文化内容与主体文化之间架起理解的桥梁，扩展留学生的知识面，让留学生感受多元的中国文化。端午节是中国传统节日之一，这一天南、北方地区都有佩香囊、包粽子、挂艾草的习俗。但在广东地区，人们习惯在粽子内包裹咸蛋黄、瑶柱、香菇、鸡肉等调料，粽子一般以"鲜""咸"著称；在山西晋中地区，粽子内会选用黄米包裹着红枣或豆沙，食用时会辅以白糖，口感偏甜。在西部新疆，人们用"芦苇花"作为辟邪的代表而非"艾草"。每当端午节时，人们会在门上插一束金色的芦苇花。在博斯腾湖水域附近范围的县市，过端午节时还会用加工好的芦苇秸制作五色香囊，因为芦苇在《诗经》中被赋予了"真挚爱情"的美好内涵，用苇秸编出的五色情香囊更成为见证爱情的珍贵礼物。

不同于教材中的地域文化内容的扩展，有关于教材中的词汇量的扩展可以通过集合式和选择比较式的教学方法进行。所谓集合式，就是将词义相同的常用方言词汇与课本中的普通话词语集合在一起进行教学。比如：常用称谓语、数字、避讳等等。比如，在对孩子的爱称比较教学中，普通话人们常说"娃娃""宝贝"等，而在湖南地区，人们常常将孩子叫为"乃几""毛毛""宝坨"，可以将这些常用人物称呼词语集合起来进行教学。在教学中教师也可以选择比较式教学法，就是将学校所在地常用的方言词汇与教科书文本中选取的词汇进行比较。这样，学生通过比较，将两者有机的联系在一起，在对照之间明晰普通话与方言词汇的对应关系，比如：在扬州话中，人物称呼词语有爹爹——祖父，小乖——侄子、侄女，伢子——小孩，小大子——长子女等。我们也可以在对照比较关系旁边以小故事的形式标注出其背后隐性的地域文化内涵，这样既锻炼了国际学生的阅读能力，又传播了相关地域文化知识。在重庆话中"划算"要说成"划得着"，留学生在交流过程很难理解为什么人们在交流过程中要将"划算"改说为"划得着"，因此在重庆地区的高校内进行方言词汇教学时，可以把"划算"与"划得着"设为对照项，在旁边添加"划得着"背后蕴含的地域文化小知识,以此帮助留学生理解和记忆。以前重庆山多路陡,桥梁建造极为不易,因此人们过江时多是依靠渡船。渡船在起初也都是简易的小木船,后来随着科技的进步才有渡轮。小木船航行依靠人力,假如一船满载人,船家合算成本后有利可得,船家就是"划得着",也就是"划算";否则,另一种情况就会说"划不着"。与集合式的词汇教学相比较,通过对照式的方言词汇教学能够让留学生对方言词汇的含义有更深层次的理解。两种词汇教学方式可以有效缓解留学生课上懂但是课下交流听不懂的困境,可以帮助留学生在实际交际过程中自如地与当地人交流,提高教学的有效性。

学 习 小 结

本章主要从词汇的角度分析了汉语方言词汇的相关基础知识(特点、规律),从词汇之美、文化魅力、地域民俗等多个角度诠释了汉语方言词汇的美。最后,通过将汉语方言词汇与汉语国际教育领域相衔接,从特殊角度看待汉语方言词汇与汉语教学的关系,并提出一些建设性建议。

扩展链接:
李美妍.方言对留学生汉语习得的影响[J].语文学刊,2016(10).

思 考 题

1. 一个地区的方言词汇如何体现这个地区的文化特殊之美?
2. 请收集或录制你熟悉方言中最有特色的部分词语,并加以解释。

关 键 词

汉语方言词汇 Dialect vocabulary。

地域文化 Regional culture。

对外汉语教学 Teaching Chinese as a foreign language。

参 考 文 献

1. 北京大学中文系语言学教研室.汉语方言词汇[M].北京:语文出版社,1995.
2. 陈章太.北方话词汇的初步考察[J].中国语文,1994(2):86—91.
3. 董绍克.汉语方言词汇差异比较研究[M].北京:民族出版社,2002.

4.李如龙.论汉语方言的词汇差异[J].语文研究,1982(2).

5.李如龙.论汉语方言特征词[J].中国语言学报(10).北京:商务印书馆,2001.

6.林纲,刘晨.《红楼梦》方言研究二十年评述[J].湖南社会科学.2011(4):168—170

7.邢向东.关于深化汉语方言词汇研究的思考[J].陕西师范大学学报(哲学社会科学版).2007(2).

8.许宝华.加强汉语方言的词汇研究[J].方言,1999(1).

9.赵立新,戴连第.唐山方言与普通话[M].石家庄:花山文艺出版社,2000.

推荐书目:

钱曾怡.汉语官话方言研究[M].济南:齐鲁书社,2010.

第三章　民　谚　之　美

本章导读

《现代汉语词典》(第7版)给谚语下的定义是："在民间流传的固定语句,用简单通俗的话反映出深刻的道理。如'风后暖,雪后寒'、'三个臭皮匠,赛过诸葛亮'、'三百六十行,行行出状元'。"作为汉语词汇的一部分,谚语的独特性主要体现在两方面:从结构上看,谚语相当于单句、复句、紧缩句的一个句子;从语义上看,谚语具有明确的表述性,总是讲述某种经验知识。

过去乡村的老年人,逢不同的时节、场合,都能说出应景的谚语,用于指导生产生活和社会交往。正是通过传统社会的辈辈相传,谚语依然活跃在人们的嘴边。谚语是劳动人民智慧的结晶,是优秀传统文化和道德的凝结。在这个日新月异的时代,我们仍有关注谚语的必要。

【学前思考】

今天你还能说出哪些方言民谚?

【学习目标】

(1)了解民谚的基本情况。

(2)理解民谚的方言之美。

(3)搜集母语方言或熟悉方言中的民谚,理解谚语中蕴含的智慧、哲理、道德、科学等因素。

【学前体验】

【音频3-1　陕西关中民谚】

(3-1　陕西关中民谚　李芳发音并录制)

【音频3-2　陕西关中民谚】

(3-2　河北武安民谚　江宇发音录制)

【音频3-3　河北唐山迁西民谚】

(3-3　河北唐山迁西民谚　赵进华发音录制)

【音频3-4　河北唐山迁西民谚】

(3-4　河北唐山迁西民谚　赵进华发音录制)

第一节　何为民谚

一、概述

（一）含义

《谚海》（温端政等，1999）指出，"狭义的谚语应该是指具有知识性，用以传授知识的俗语"。《现代汉语词典》（第7版）给谚语下的定义是："在民间流传的固定语句，用简单通俗的话反映出深刻的道理。"由此可见，谚语是人民群众将从生产生活中总结出来的经验教训，以口耳相传的方式传递流传的语言片段。一般来说，谚语通俗易懂、表意完整、形式相对稳定，流布于民间，属于俗语的一种。"在长期的、广泛的流传过程中，不断集中广大群众新的知识，不断经受实践新的验证，从而不断扬弃、不断丰富的智慧之花。"（武占坤、马国凡，1980）

（二）分类

谚语涉及的内容丰富广泛，从人类社会的生产生活到自然现象，无所不包。谚语主要有两种分类，一种是语义内容上的分类，这是最常见的分类方法。根据反映内容的不同，也可以做不同的分类。如可以将民谚分为社交谚、生活谚、修养谚、人伦谚、事理谚、工商谚、文体谚、时政谚、风物谚、农林谚、天象谚等，还可以分为常识谚、事理谚、讽颂谚、规劝谚、天气谚、风土谚、生产谚等。另一种是结构上的分类。

1. 内容分类

本部分将谚语粗线条式地分为生活谚语、农事谚语、社会谚语和气象谚语，分别加以介绍。

（1）生活类谚语

生活类谚语是总结人们日常生产生活经验知识的谚语，涉及生产生活中的各个方面，这里主要包括衣食住行、伦理修养、卫生保健等几个方面。

①衣食住行类

衣食住行是生产生活的基础。人们总结了很多有借鉴性的谚语，用以指导日常生活。

　　　　三月三，换单衫。
　　　　家有存粮，心中不慌。
　　　　平房陡，住不久；瓦房平，住不成。
　　　　金窝银窝，不如自家的狗窝。
　　　　要走山东路，问问地头人。

②伦理修养类

伦理修养是讲个人的相处之道、道德修养和行为操守,关系到个人的修身养性。

> 跟着好人学好人,跟着巫婆跳假神。
> 说话做事莫过分,留下一半为儿孙。
> 父子和,家不败;兄弟和,家不分。
> 前人栽树,后人乘凉。
> 若要公道,打个颠倒。
> 草若无心不发芽,人若无心不发达。
> 是艺养身。
> 不经冬寒,不知春暖。
> 是非只为多开口,烦恼皆因强出头。
> 少来当英雄,老来重德行。

③卫生保健类

卫生保健是生活的重要内容。在过去,缺医少药是常态,人们根据长期经验总结出一些道理,口耳相传,便于保持健康、治病救人。

> 大蒜是个宝,常吃身体好。
> 冬吃萝卜夏吃姜,不劳医生开药方。
> 桃饱杏伤人,李树地下埋死人。
> 人争一口气,神受一炷香。
> 病来如山倒,病去如抽丝。
> 病无良药,自解自乐。
> 要得小儿安,常带三分饥和寒。
> 吃饭先喝汤,老了不受伤。

(2)农事谚语

农业是根本。先民早就注意对自然物候、农业生产等知识进行总结,并加以使用检验,以便指导农事活动。

①时令类

农事涉及农作物的种植、除草、浇灌、施肥时令及后期注意事项,这样可确保一个好的收成。在一年的四季轮回耕作中,人们总结出了各类农作物的种植诀窍。

> 惊蛰早,清明迟,春分插秧正适时。
> 白露早,寒露迟,秋分种麦正当时。
> 节气不等人,误时减一成。
> 春打六九头,七九八九就使牛。
> 谷雨前,不撒棉;谷雨后,不种豆。

麦锄三遍无有沟,豆锄三遍圆溜溜。

立夏见麦芒,四十天上场。

小满不锄天,不过三五天。

一麦顶三秋,过晌就难收。

夏至到,秧把撂。

处暑三天遍开镰。

秋分种小葱,盖肥在立冬。

粪大水勤,不用问人。

深深犁,重重耙,多收麦,没二话。

蓖麻种在不出九,长势旺来结籽稠。

②林牧类

人们很早就意识到了林牧业的重要性,慢慢总结出了和生产生活关系密切的一些规律性的认识,以谚语的形式流传。

七月枣,八月梨,九月柿子红了皮。

春栽杨柳夏栽桑,正月栽松好时光。

长脖骡,长尾马,不问价钱就买下。

小猪要动大猪静,放羊满天星为佳。

(3)社会谚语

社会谚语指社会生活中的人际交往、治家报国等方面的谚语。它在某些方面对人起到提醒警示、鼓励安慰等作用。

①人际交往类

人际交往构成个人之间基本的互动方式,也影响一个人在社会生活中的人际关系。人际交往类谚语总结了一些道理和教训,以便更好地为后人提供参考。

鸟不高飞不知蓝天阔,人不远行不知天下大。

口是一个招祸门,话到嘴边留三分。

吃一堑,长一智。

救急不救穷,帮笨不帮懒。

饱带干粮,热捎衣裳。

不打馋,不打懒,专打不长眼。

一根稻草抛不过墙,一粒黄豆磨不成浆。

②治家报国类

家,是个人奋斗的起点;国,是个人奋斗的旨归。古人讲"齐家治国",总结出很多此类谚语。

会当媳妇两头瞒,不会当的两头传。

家庭同心,黄土变成金。

　　　　家中有三宝,丑妻赖地旧皮袄。
　　　　足寒伤心,民寒伤国。
　　　　国家有难思良将,人到中年望子孙。
　　　　国有君,家有主。
　　　　国家多难之秋,壮士用命之时。

（4）气象类谚语

传统农业社会,需要根据气候、季节的变化来安排相关的农事活动,因此对春夏秋冬、风雨雷电等天气现象格外关注,产生了很多气象谚语。

　　　　天上扫帚云,不过三天大雨淋。
　　　　南风吹到底,北风来还礼。
　　　　春雾晴,夏雾热,秋雾雨。
　　　　水缸出汗蛤蟆叫,必有大雨到。
　　　　九里没雪冻死麦,伏里无雨难种菜。
　　　　小雪虽冷窝能开,家有树苗尽管栽。

2. 结构分类

从结构上来看,谚语一般分为单句形式、复句形式、紧缩复句形式三种。

单句形式:"丑妻家中宝""百人百条心""挂羊头卖狗肉""人生一盘棋""关门打狗"。

复句形式:"只要青山在,不怕没柴烧""只要功夫深,铁杵磨成针"是条件关系复句;"小事不治,大事不止""一着不慎,满盘皆输"是假设关系复句;"与其找临时马,不如乘现时驴""宁愿站着死,决不跪着生"是选择关系复。类似的还有:"篙子虽小撑大船,秤砣虽小压千斤。"

紧缩句形式:"不到黄河心不死"相当于假设关系的复句,即"如果不到黄河,就不会死心"。类似的还有"不是冤家不聚头",相当于一个假设复句。

二、修辞之美

谚语和方言关系密切。谚语使用方言词汇和语法结构,体现鲜明的地域性和知识性,显示出独特的方言之美。修辞主要涉及使用什么语言材料、修辞方式,以达到什么样的修辞效果。如粤方言民谚"苏州过后无艇搭",潮汕民谚"爱拼才会赢",客家民谚"宁卖祖宗田、不卖祖宗言",江淮谚语"小暑日落雨,黄梅颠倒转"等,都使用了方言区的词汇、语法表达,具有鲜明的地域色彩。

谚语还大量使用修辞,如此就使得谚语具有浓郁的修辞之美。以下举例说明。

对偶:打人不打脸,骂人不揭短。

　　　　佛争一炉香,人争一口气。
　　　　要想韭菜壮,割后上粪上。

比喻：家有一老，犹如一宝，

　　　冬积一堆草，春天就是宝。

拟人：麦种深，谷种浅，豆子种得翻白眼。

　　　乌云接驾，必定要下。

对比：早上烧，不到黑；晚上烧，晴半月。

　　　积善三年人不知，作恶一日远近闻。

夸张：麦盖三床被，搂着馒头睡。

　　　睡觉不蒙头，活到九十九。

除了修辞格，谚语还讲求押韵、停延等语音上的特点，使得谚语容易被民众接受并口耳相传。谚语押韵主要是押尾韵，如"大路朝天，各走一边""从小不学习，长大没出息"；还有压首韵的，如"稀三担，密一箩"；还有押句中韵的，如"小孩想吃糖，去把娘舅缠"。此外，谚语大多形式短小，节奏明快，往往更加注重节拍停延的安排。一般来说，一条谚语至少由两个音步组成。多音节的也往往会划分为两部分加以停延。如"百步\无轻担""薄地\怕深耕"。

第二节　春雨惊春清谷天

一、民谚的科学之美

(一)二十四节气歌

中国很早就进入了农业时代，农耕生产与大自然的规律有着密切关系。中国先民很早通过观察天体运行，认识到时令、气候、物候等方面的变化规律，并用于指导农业生产。民谚科学性最重要的体现就在"二十四节气"的谚语方面。"二十四节气"指 24 个时节和气候，充分体现了黄河中下游地区农业生产和气候条件的密切关系。时至今日，"二十四节气"对农事活动安排、技术操作等，仍有重要的指导作用。2016 年，"二十四节气"正式列入世界非物质文化遗产名录。

《二十四节气歌》是为了记忆 24 个节气而编成的民谚。民谣一共八句，前四句从每个节气中取一字按次序编成歌谣，后四句涉及 24 个节气的时间和规律，即上半年节气在每月的 6 日和 21 日前后，下半年则在 8 日和 23 日前后。各地《二十四节气歌》版本不太一样，下面为流行较广泛的内容。

春雨惊春清谷天，夏满芒夏暑相连，

秋处露秋寒霜降，冬雪雪冬小大寒。

每月两节不变更，最多相差一两天，

上半年来六、廿一，下半年是八、廿三。

除了《二十四节气歌》,各地还有更为具体的月令歌谣,指导性更强。以下为摘自《二十四节气农谚大全》(隋斌、王一民 2016)的山东龙口和海南文昌的节气歌,更为具体,也体现了地域特色,从中可见"二十四节气"的科学性和影响力。

山东龙口:

二十四节气,人人记心间,每月有两节,一节十五天;

立春接雨水,春耕做准备;惊蛰地化冻,春分粪送完;

清明春耕毕,谷雨快种田;立夏种花生,小满麦秀全;

芒种锄遍地,夏收早打算;小暑夏种忙,大暑喂玉米;

立秋种白菜,处暑莫荒地;白露忙割谷,秋分种麦宜;

寒露到霜降,地瓜莫刨迟;立冬多积肥,小雪多搬泥;

大雪雪纷飞,大地披白衣;冬至数三九,小寒跟上去;

大寒腊月尽,鞭炮度除夕。

注:"喂",指给庄稼追肥。

海南文昌:

小新月正,晚稻收完欠砍蔗;立春水二月到,农人无事炉社。

三月惊蛰又春分,薯芋瓜豆种及春;清明谷雨四月过,浸种分欠速速。

五月立夏小满来,拔草耕田勿偷闲;芒种夏至六月到,摘瓜同时又摘豆。

七月小暑兼大暑,夏天如火割稻时;八月立秋与处处暑,早稻才割晚又至。

九月白露又秋分,田已耕了采新笋;十月寒露霜降来,处处洋田稻花开。

立冬冬至农家闲,卖了新谷买新鞋。

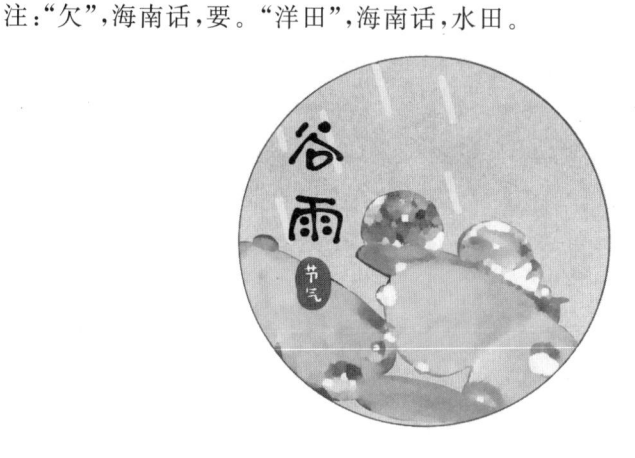

注:"欠",海南话,要。"洋田",海南话,水田。

图 3-1 谷雨(张可心绘制)

(二)其他节气歌

除了《二十四节气歌》,在不同地区还流行月令歌等,也具有很强的地方指导性。

1. 农家月令

立春喂耕牛,雨水滤粪土,惊蛰河半开,春分种小麦,清明前后种扁豆。二月清明草不青,三月清明道旁青。谷雨种豌豆,立夏种稻谷。小满前后,安瓜种豆;芒种,忙种黍子急种谷,芒种见锄刃,夏至见豆花。夏至不种高山黍,还种十日小糜黍。小暑吃大麦,小暑当日回。大暑吃小麦,立秋一十八日寸草皆齐,处暑不出头,割的为了牛。白露吃小谷,秋风见谷罗。寒露百草枯,霜降不赔田。立冬不使牛,小雪冻大河;大雪冻小河,冬至不开窖;小寒寒不小,大寒不加冰。

2. 节气百子歌

四川地区流传着一首《节气百子歌》,每句句末均为"子尾词",具有浓郁的四川方言特点,描述了旧社会普通民众一年十二个月的苦乐生活。

正月过年耍狮子。

二月惊蛰抱蚕子,

三月清明坟飘子。

四月立夏插秧子,

五月端阳吃粽子。

六月天热买扇子,

七月立秋烧袱子。

八月过节麻饼子,

九月重阳捞糟子。

十月天寒穿袄子,

冬月数九烘笼子。

腊月年关去躲账主子。

3. 数九歌

数九歌是对冬季寒凉天气的认识,南方北方都有。不同地区数九歌的内容(比如涉及的动植物等)也有一定的地方特色,但是科学性、针对性依然很强。

(1)北方数九节气歌

一九二九不出手,

三九四九冰上走,

五九六九沿河插柳,

七九河开,八九雁来,

九九加一九,耕牛遍地走。

(2)南方数九节气歌

一九二九相见弗出手;

三九二十七,篱头吹筚篥;

四九三十六,夜晚如鹭宿;

五九四十五,太阳开门户;

六九五十四,贫儿争意气;

七九六十三,布衲担头担;

八九七十二,猫儿寻阳地;

九九八十一,犁耙一齐出。

"二十四节气"及其他有关民谣,是中国先民经过观察得出并长期被农业生产生活实践所检验的气候气象体系知识。虽然形成于中国黄河流域,但是作为农耕时代的生产生活的时间指南,逐步被全国各地所采用,直到今天,仍闪烁着科技之光。

二、民谚的文化之美

民谚因其来源于实践,知识性是其最重要的特点,加之通俗易懂,具有很强的表现力、广泛的群众基础。千百年来的流传下来的谚语,具有深厚的文化因素,可以折射其产生时代的种种文化。因此,有人称谚语为"人类文化的活化石"。下面简要选择一个视角叙述。

(一)儒家文化

儒家文化自汉以后逐渐成为官方的主导文化,其对中国社会的影响是全方面的。儒家学说提倡"仁""孝""礼""信""和"等思想,讲求"修身齐家治国平天下",注重道德伦理和高尚情操,这在民谚中多有体现为注重仁义、孝顺、礼仪、和睦、善良、勤劳、诚信、知识等方面。下面分别加以举例:

注重仁义:七辈子行好才能托成猫。

打人不打脸,骂人不揭短。

人爱长交,数着短结。(交朋友要长久,账可要常常结)

注重孝顺:不忠不孝,猪狗不如。

天下无不是的父母。

前三十年看父教子,后三十年看子敬父。

注重礼仪:有手不打上门客。

天上下雨地下流,俩口打仗不记仇。

你敬我一尺,我敬你一丈。

注重善良:身正不怕影斜。

天地补忠厚。(补,帮助、保估的意思)

老实终须在,积恶无久耐。(善良的人终会有好结果,作恶的人好日子长不了)

注重勤俭:富从升斗起,穷因弃小钱。

　　　　早起三光,晚起三慌。
　　　　宽时物,紧时用。(平时用不着的东西也不要随便丢弃,留着总会派上用场)
　注重诚信:诚可惊神,孝可感天。
　　　　诚招天下客。
　　　　人无信不立。
　注重知识:生囝唔读书,不如饲大猪。(生儿子不让读书,不如不养而去养猪)
　　　　老人不讲古,后生会失谱。
　　　　不吃饭则饥,不读书则愚。

(二)中医文化

传统社会中,民众极为重视食物及常规卫生习惯的作用,挖掘其在养生、治病、防病方面的价值,并通过民谚的形式流传,可以在缺医少药的情况下,减少病痛、健康体魄。下面简要举例。

　　一天吃颗枣,一生不知老。
　　五谷杂粮壮身体,青菜萝卜保平安。
　　少吃荤腥多吃素,没有医生开药铺。
　　大蒜是个宝,常吃身体好。
　　十月萝卜小人参。
　　百菜不如白菜好,诸肉不如猪肉香。
　　饭前洗手,饭后漱口。
　　贪吃贪睡,添病减岁。
　　人愿长寿安,要减夜来餐。

(三)农耕文化

中国有着漫长的农耕文明,民谚不可避免地凝结了农耕文化,反映了人们的农耕习俗。农耕离不开农具和土地、气候等,民谚是农耕文化的重要体现,积淀了丰富的经验,渗透了农耕文化性格、农耕智慧和价值观念。张雪姣(2019)介绍了关中方言的民谚,以下为她的文中提及的谚语,很好地反映了关中地区的农业文化。

　　月亮月亮跟我走,一下走到场(cháng)门口,场门口,一斗麦(mei),送到碾子没人推。公鸡推,母鸡簸,剩下鸡娃(小鸡儿)拾麦颗(kuó),老鼠擀面猫烧火,(麦娃)坐到炕上捏窝窝(一种面食)。行家扬场一条线,外行扬场一大片。
　　进门观脸色,出门看天色。
　　早晨雾(晴天),晒死兔;晚上雾(雨天),不穿裤。
　　云往西,水滴滴;云往东,一场风;云往南,水漂船;云往北,白胡子老汉晒干麦。
　　麦黄谷黄,绣女下床。

收不收五谷,单看正月二十五。
三分种七分管,人勤地不懒。
一天省一口,一年省一斗;一天省一把,十年买匹马。
穷要志气富要德,房要梁柱墙要根。

(四)饮食文化

民以食为天。《论语》中就说"食不厌细,脍不厌精"。在漫长的历史中,不同地区的人们熟悉动植物的特性,将其逐渐引入日常饮食中,形成了各地不同的饮食文化。

走遍天下,吃食为大。
内地人的菜,青海人的馍。
蜜糖虽然甜美,还是糌粑经吃。
宁可三日无粮,不可一日无茶。
勤是摇钱树,俭是聚宝盆。
人不误地工,地不缺人粮。
家中有衣不觉冷,仓里有粮不觉饿。
冬不节约春要愁,夏不劳动秋无收。

(五)民俗文化

民俗是一个地区的人们在长期的社会生产实践中形成的稳固的习俗风尚,包括日常生活的祭祀、婚姻、禁忌等。反映民俗的民谚也不在少数,透过民谚,可以看出一个地区的风俗特色,了解该地区的深层文化特征。

捉鬼放鬼是无常,救苦救难观世音。
祭天祭地祭祖先,祭山祭水祭鬼神。
庙堂烧香去上供,不看僧面靠佛面。
渔家开海祭妈祖,烧香叩头保平安。
两只蜡,一股香,二十三日祭灶王。
二月二,煎年糕,细些火,慢点烧,别把老公公的胡须烧着了。
入庙拜神神保佑,入屋叫人人有情。
抬头嫁女,低头娶亲。
男不拜月,女不祭灶。
吃了元宵茶,男做工夫女理麻。
男人担,女人灌,一辈子不靠天吃饭。

(六)商业文化

我国具有悠久的商业文化,涌现了很多有名的商人,如范蠡、弦高;也诞生了许多影响深远的商人团体及商业文化,如晋商、徽商。很多民谚中涉及商业文化,记录了当时的商业生产,反映了人们的商业经验,凝结着世代相传的商业操守和商业智慧。

无水船不行,无货利不生。
本地姜不辣。
货好不怕选,人好不怕贬。
只要货赢人,不愁客不来。
一本难求万利。
经商不能图暴利,利薄多销方赚钱。
人无信不立,店无信不兴。
经商要知商,开行要懂行。
买卖讲信誉,售货路自通。

第三节 智 慧 之 美

谚语的知识性经由定型化的生活语言表达传递,具有一定的哲理性、科学性、教育性,是民众智慧的体现,闪烁着智慧之光,体现着智慧之美。谚语的智慧之美,仍会体现在道德之美、时代之美两个方面。

一、道德之美

中国人历来有重视道德的传统。民谚之中就往往蕴含着很多传统的道德因素,对人的道德修养起到了重要作用。以下从忠孝、爱国、爱乡角度简要谈谈。

(一)谚语与忠孝

黄忠七十五,正是出山虎。
刻薄不赚钱,忠厚不蚀本。
谗言败坏君子,冷箭射死忠臣。
骄子不孝。
爷不死,崽不乖。

(二)谚语与爱国

尽忠报国,尽孝守家。
国强民也富,国破家也亡。
家贫出孝子,国乱识忠臣。
国家、国家、有国才有家。
舍命才算真豪杰,爱国方成大丈夫。

(三)谚语与爱乡

爱乡人,常恋土。

树高不离土,叶落仍归根。

家乡水甜入我心,十年不改旧乡音。

美不美,家乡水;亲不亲,故乡人。

(四)谚语与家庭教育

生子不养父母过,养子不教错加错。

事虽小不做不成,儿虽乖不教不明。

有田不耕仓里虚,有书不读子女愚。

勤耕苦读样样有,好吃懒做件件无。

老人不忆苦,儿孙不知福。

二、民谚的时代之美

中华人民共和国成立以来,尤其是改革开放以来,人民生活水平逐步提高,社会经济快速发展,国家各方面都得到了长足进步。在这种背景下,一些反映人们社会实践、观念思想的知识用民谚的形式加以总结传播,形成了新民谚,体现了新时期的新气象,也体现了民谚的与时俱进。

例如,"时间就是生命,效率就是金钱"反映了深圳人对效率的追求。以前常说"新三年,旧三年,缝缝补补又三年",现在则说"有钱不要省,有福不要等"。以前"能省则省,能用则用,能修则修",现在则是"该花则花,该换则换,该丢则丢"。

民谚来自民间,具有顽强的生命力。某一地区都会产生该地区的民谚。在交往时,引用对方文化中常用的谚语,会收到很好的交际效果。如2017年,习近平总书记在香港发表重要讲话,引用了粤方言的民谚"苏州过后无艇搭",意在叮嘱香港同胞,在新的历史机遇期,要勇于迎接挑战,抢抓机遇,把主要精力集中谋划到经济发展上来。会场反响热烈。

随着"一带一路"倡议的稳步推进,很多民谚也走出国门,产生了重要的影响。"要想富,先修路"是中国改革开放后流传在各地的民谚,反映了人们迫切改变现状的思考。在与非洲的合作中,中国政府积极帮助非洲国家修建基础设施,比如公路、铁路、机场、码头等,拉动了当地经济发展,改善了当地人民生活,取得了重大进展,以至于"要致富,先修路"成为非洲人民熟悉的谚语。

三、民谚传播

在传统的农业社会,民谚多通过口耳相传或初步的私塾教育在人民群众之间传播。这其实形成了初步的启蒙教育。除此之外,民谚还会通过各种方式传播,进而走向世界。

(一)谚语的世代相传

在传统社会中,人们日出而作、日落而息,农闲时会聚坐在一起,农忙时会劳作在一处,节日时又会欢聚在一时,民谚就在着朝夕相处中实现了世代的流传。如今,即使在农村,人们的聚落形态发生了很大的变化,但是人们仍会通过各种方式去学习谚语。谚语凝聚着一方人的传统美德,闪烁着一方人的聪明才智,具有极强的生命力,仍有巨大的价值。前文提到,在科技发达的今天,大部分民谚仍具有指导农业生产的作用。关于气候对生产、技术对种植影响的谚语,仍具有参考价值。如"芒种天旱麦得收,夏至有雨稻大收,处暑无雨万人愁""稀留密,密留稀,不稀不密留大的"。大部分民谚虽然短小,却不乏文学性,也会涉及修辞手法。如"云似鱼鳞,大雨堵门""茄子云,晒死人",很形象地描述了云的形状。民谚还凝聚了哲理,具有强烈的教育意义。如"一日之计在于晨,一生之计在于勤","三代不念书,好比一窝猪",体现了人们对勤劳和读书的高度认可。

(二)谚语的国际教育

谚语也是汉语国际教育的重要内容。盛文丽(2020)对《博雅汉语》教材中的谚语进行研究,可以帮助我们了解谚语的国际教育现状。盛文丽的发现主要有:①教材中谚语种类丰富,涉及事理修养、社交生活和风土自然等,涵盖了中国的气候现象以及中国人的思想模式、道德准则、居住环境、生活习惯、人际关系,为人处世等方面;②实用性强,教材中的谚语多以事理修养和社交生活为主,比较贴近学生的实际日常生活,能够满足学生用汉语交际的实际需求;③难度适中,不同阶段教材中谚语的难度与各阶段学习者的语言水平、接受中国文化的程度相符合;④谚语的重现率低,不利于温故知新,可能影响学习效果。

由此可见,对非母语者的谚语教学与母语者不同,不仅需要教材,而且需要精心的教学设计,才能帮助留学生体味蕴含在谚语中的美,推动文化传播。

(三)跨文化对比

通过比较发现异同,是加深认识自身文化、了解不同文化的重要途径。尹胜男、鲁轩廷(2019)以中日常用谚语词典为调查对象,从中找出与"雪"相关的汉语谚语59条,日语谚语9条,进行整理归纳,寻找二者的异同之处,并讨究民谚背后的文化差异。二人的研究发现,一部分谚语表述、含义均一致,另一部分谚语表述虽不同,但是含义一致,余下为中日两国独有的谚语。二者相较,日本关于农业气象的谚语较少,事理谚语较多。通过比较,我们可以发现谚语与生活实践密切相关,且经过世代验证,具有一定的科学性,对生产生活、日常生活都有一定的指导作用。而中日谚语的差别,反映出谚语的形成具有特定语言环境的特殊性。

此类对比很多,暂不赘述。通过对比,可以发现不同文化的谚语特点,进而发现各自的美,并进一步加深对中国文化的认知力、自信心和自豪感。

(四)民谚的传承

随着城镇化的推进,民谚的传承方式也发生了很多变化。如何更好地传承民谚值得我们思考。有人主张通过开发课程的形式,将民谚引入学校教育,以达到活态传承的目的。如茅晓辉、金妍(2020)介绍了宁波地区谚语传承的实施情况,初步探索了具有一定范式的实践模式,具有参考价值。文中精选宁波民谚,建设分类别的鲜活课程资源,然后实施不同的课堂教学模式,如对比式、辐射式、品悟式、沙龙式,最后探寻出活性的活动体系,主要有"音"式、"形"式、"韵"式、"神"式四大类活动。如此,从开始课程到开展实施再到效果保持,形成了良性的互动,为传承民谚提供了一种方案。

学习小结

首先,本章介绍了汉语方言民谚的概况,帮助学生理解民谚知识及其修辞之美。其次,本章通过《二十四节气歌》等的案例分析,引导学生认识到方言民谚的科学之美和文化之美。最后,以凝固在民谚中的智慧为切入点,简要介绍民谚的道德之美和时代之美,然后结合汉语国际教育和跨文化对比,帮助学生通过不同文化民谚的对比,进一步加深对中国汉语民谚的认识。

扩展链接:

1. 寇福明.汉英谚语对比研究[M].北京:中央民族大学出版社,2016.
2. 王冲.模因论视阈下中华多民族谚语的传承与嬗变[J].《内蒙古社会科学》,2020(02).

关键词语

民谚 folk proverbs。

思考题

1. 搜集至少3个方言区的谚语20条,并解释其含义。试着从科学之美、道德之美、智慧之美、音律之美的角度做出简要分析。
2. 录制10条方言谚语。

参考文献

1. 陈苹.山东农谚研究,山东农业大学硕士学位论文.2020.
2. 杜红梅.安徽蒙城方言谚语的修辞特点[J].《长春工程学院学报(社会科学版)》,2016(02).
3. 杜红梅.安徽蒙城方言谚语与儒家文化[J].陇东学院学报,2013(04).
4. 付兵兵.平顶山谚语研究[D].云南师范大学硕士学位论文,2020.
5. 谷晓恒.青海汉语方言谚语的文化特征探究[J].青海社会科学,2006(03).
6. 梁欣欣.安徽谚语的语言学研究[D].安徽大学硕士学位论文.2017.
7. 梁永红,吕佳佳.襄垣方言谚语的文化内涵[J],长治学院学报,2011(02).
8. 林伦伦.潮汕方言谚语的文化内涵[J].汕头大学学报(人文科学版),1990(02).
9. 龙新.中国"二十四节气"被列入联合国非遗名录[N].中国农业新闻网 2016－12－01.
10. 冷月.汉语谚语中的性别文化研究[D].内蒙古大学硕士学位论文.2020.
11. 茅晓辉,金妍.基于课程开发的宁波谚语活态传承的实践探索[J],宁波教育学院学报,2020(03).
12. 盛文丽.《博雅汉语》中的谚语研究[D].湖北工业大硕士学位论文,2020.
13. 陶真.汉语谚语中的鬼神文化[D].内蒙古大学硕士学位论文.2020.
14. 许晋,张宁.谚语中的商业文化[J].语文学刊,2019(06).
15. 王大奎.赤峰俗语、谚语和歇后语初探[J].赤峰学院学报(汉文哲学社会科学版),2020(12).
16. 夏明宇,吴朝平.强调养子必教,主张宽严相济——渝西方言谚语中的渝西家教文化精华探析[J].《教育文化论坛》2012(06).
17. 尹胜男,鲁轩廷.中日谚语及其文化异同研究——以"雪"为例[J].传播力研究,2019(03).
18. 张雪姣.从方言俗语看关中地区传统农耕文[J],集宁师范学院学,2019(05).

推荐书目：

温端政,王树山,沈慧云.谚海.北京:语文出版社,1999.

第四章　民歌民谣之美

本章导读

"关关雎鸠,在河之洲",是中国较早的一句民歌,传达了先人内心的无限渴望,这份渴望穿越千年,依旧绽放。民歌民谣不仅是方言最有张力的声音传达,而且记录着历史长河飞速发展时代中乡土人的喜怒哀乐。中国的汉语方言调查与民歌民谣从一开始就有着密不可分的关系。

"只有民族的,才是世界的。"民歌民谣以方言为载体,以独特的方式或唱或说给你。还记得儿时长辈在睡前哄你入睡时反复哼唱的那个调子吗?还记得节日里村边人们唱的抑扬顿挫或喜或悲的村歌吗?它们可能与你渐行渐远,它们也可能从未远去。本章通过新旧民歌民谣,帮你领略方言的旋律之美、语言之美、生命之美。

【学前思考】

提到方言民歌民谣,你首先想到的是哪一首?

【学习目标】

(1)了解民歌民谣的基本情况。

(2)熟悉方言研究与民歌民谣的联系。

(3)熟悉一首或几首方言民歌民谣,并说出它在方言上的特点。

(4)搜集母语方言或熟悉方言中的民歌民谣,感悟民歌民谣的生命力和艺术魅力。

【学前体验】

【音频4-1　唐山迁西话儿歌】

(4-1　河北唐山迁西歌谣孙浩然发音,任立永录制)

【音频4-2　云南普洱歌谣　陈贵秀录制】

(4-2　云南楚雄歌谣　陈贵秀录制)

第一节 何为民歌民谣

一、民歌民谣的生命咏叹

"吭呦吭呦"可能是人类哼唱出来的第一首协调众人动作、抒发劳动之情的调子。"千秋万岁后,谁知荣与辱?但恨在世时,饮酒不得足",可能是面对死亡的乐观且有些许遗憾的挽歌。从人类的角度讲,从第一个人发出"吭呦吭呦"声起,人类便开始了言语交流活动,开启了自觉不自觉的民歌民谣创作。从个体角度看,每个人的第一声啼哭,可以算是自己的第一次创作,最后在亲人的啼哭中,完成生命的历程。从某种意义上看,民歌民谣是生命之歌。

民歌民谣多起源于某一地域,在劳作之时,偶然为之,抒发一己感触,经众人之口,辗转流布,遂成为承载着一方水土之中喜怒哀乐、悲欢离合的共同之歌,又经时代,愈发彰显生命历程的张弛。可见,民歌民谣表达的是劳动人民的思想感情、要求愿望,具有较为强烈的现实性和抒情性,是地方文化的一个重要组成部分。

一般来说,民歌民谣具有悠久的历史。中国的民歌民谣上溯到《诗经》《楚辞》,又经汉代乐府、南北朝时期民歌、唐五代敦煌曲辞,一直到明清两朝民歌,传统延绵三千余年。其间的敦煌曲辞和明清民歌,格外夺目。前者尤形式活泼、内容广泛、风格丰富,记录了"词"这种文体起于民间时的原始形态,具有鲜明的个人性格和浓郁的生活气息。比如其中的一首五代佚名《望江南·天上月》写道:"天上月,遥望似一团银。夜久更阑风渐紧。与奴吹散月边云。照见负心人。"这首闺阁怨歌,以口语化的形式,塑造了埋怨又略带痴情的女主人公,似乎只有等到风吹散月边的云,月光才会帮女子照见负心之人,也似乎才会让人死心。

明清经济发展,世俗文学异军突起,民歌民谣也极具有口语化、通俗化的特点。《山歌》十卷就是重要的代表。该书是一部记载明代苏州一带的民歌歌谣集子,由明代冯梦龙采集编纂,书中380首歌谣都是用苏州话记录的,保存了苏州地区的世俗生活的重要文献,在中国民歌民谣研究史上具有重要地位。

此后,经辛亥革命、五四新文化运动、中国共产党成立并开展革命运动,民歌民谣的民众性、斗争性得到了进一步提升,涌现了一大批反映革命斗争、抵抗侵略题材的新民歌民谣。民歌民谣由此得到了发展振兴。新中国成立以后,劳动人民成了国家的主人,人们创作了大量的反映新生活、新社会的民歌民谣。这些民歌民谣题材新颖,音乐格调更加热烈、活泼、开朗,充满了积极向上的革命乐观主义精神,标志着中国民歌进入了一个崭新的时期。这种特点一直延续至今。

民歌民谣承载着人们的兴观群怨,伴人始终,与人民生活有着密切关系,作用重大。它不仅贯穿人生的各个阶段,而且覆盖生活的不同层面,成为生活中不可或缺的组成部分,处处展现着生命之美。

民歌民谣的作用之一,就是娱乐纾解。人们在劳作之余或是闲暇无事之际,按照一定旋律格式,将身边的事情和感受哼唱出来,纾解了辛劳和不快,带来些许慰藉和希望。从个人角度来看,这可能是民歌民谣具有恒久生命力的情感原因所在。《诗经》中的《君子于役》就可以看成女性辛劳后对征人的思念所作。

君子于役,不知其期,曷至哉?

鸡栖于埘,日之夕矣,羊牛下来。

君子于役,如之何勿思!

君子于役,不日不月,曷其有佸?

鸡栖于桀,日之夕矣,羊牛下括。

君子于役,苟无饥渴!

《君子于役》语言朴实,结构简单,情感真挚,诉说着妻子在日常劳作后担心丈夫戍边的生活日常,诉说着无尽的思念。民歌民谣的这种娱乐纾解作用,穿过历史的长河,依然存在,并且会一直存在。20世纪80年代,甘肃环县采集民歌民谣,其中有一首《绣荷包》,可以说和《君子于役》有异曲同工之妙。

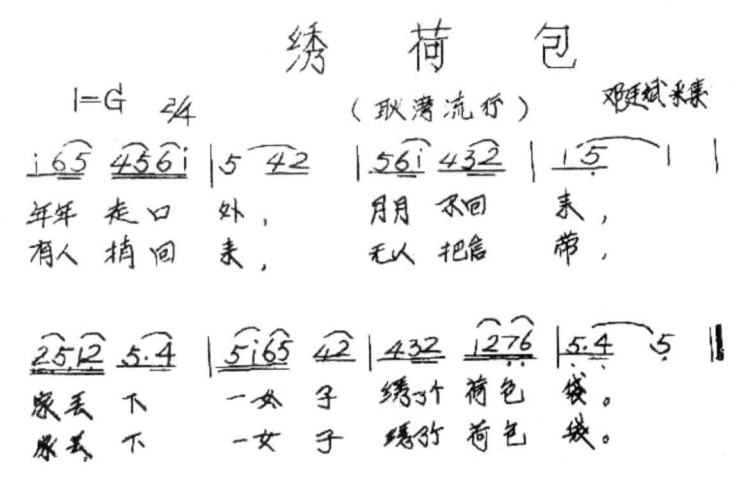

图4-1 《绣荷包》曲谱(摘录自《环县民歌》)

民歌民谣的作用之二,就是教育传承。民歌民谣凝聚了人们的生活智慧、经验,流布于一定地域,使人耳濡目染,会把当地人对自然的认识和生产生活、风俗礼仪等知识传递下去。加之曲调相对简单,吟唱性强,便于识记,往往会起到教化作用。《诗经》中《豳风·七月》,按照农事活动的顺序,从夏历七月逐月展开叙述,将一年的劳作画卷一一展开,可以说是描述了陕西旬邑、彬县一带的农业活动。

民歌民谣的作用之三,就是交际功用。民歌民谣的交际功用主要包括送往迎来、恋爱交流、对歌斗智等,尤其是作为异性间交往的媒介,在我国许多地方流传的风俗中,许多传统民歌民谣也往往与此相关。例如西北地区的"花儿会"。"花儿会",也叫唱山,是一种民间大型歌会,西北的汉、藏、撒拉、裕固等民族,使用当地方言,大多即兴创作花儿,生活气息浓厚,也是青年男女通过对歌选择对象的场合。

民歌民谣的作用之四,就是反映社会民心。周秦时代有輶轩使者八月到各地采风的传统,以了解风土人情、民心民风,加强中央与地方的联系。《诗经》很大程度上就是各地采风汇编而成,扬雄的《輶轩使者绝代语释别国方言》也记述了这种传统。民歌民谣来自民间,能够反映社会民众的精神面貌和心理状态。

民歌民谣凝固了生命的悲欢离合,在历史的长河中,会愈发显示它的美。

二、民歌民谣的方言之美

各地的民歌民谣往往因地域的不同而表现出不同的风格特征。一般而言,北方多粗犷豪迈,南方多委婉清醇。究其原因,地域风俗、地理人文、历史传统等因素都起着作用。本节主要从民歌民谣与汉语方言的关系出发,尝试解释方言之美。

民歌民谣来自人民,其演唱必然用方言。方言是民歌民谣的最重要载体和表现形式之一。而民歌民谣也承载着方言的语音语调、词汇语法,并且将方言因素程式化和音乐化。方言的特点赋予了民歌民谣浓郁的地方味儿、本真性。

民歌民谣的传播首先需要同一方言区域的受众接受,而要跨越不同方言区则与方言间的可懂度密切相关。方言可懂度高,就有利于民歌民谣的传播;反之,则有困难。如陕北和晋北、晋西北方言接近,文化同源,民歌民谣带有极强的相似性。因此,要了解一个地方的民歌民谣,首先要了解当地方言。可见,方言研究与民歌民谣调查的关系密不可分,可以说,方言调查始于民歌民谣调查。1924年,北京大学成立了方言调查会。调查会的成立宣言中提出"绘成方言地图""考订方言音声"等七项任务。这个调查会其实发端于北京大学在此之前成立的歌谣研究会。民歌民谣是跟方言有密切关系的,它自然导致了方言的调查研究。

民歌民谣的演唱、传播与方言有着密切的关系。中国十大方言区,方言丰富,孕育于大大小小方言区的民歌民谣,自然也会形成各有特点的风格特色,体现出不同的方言之美。一般来说,按地域可分南方与北方地区。北方民歌民谣区范围广泛,此区域方言相近,交流频繁,形成了音调结构以五度二音组等为核心的特点,分布涉及长江流域以北各省(湖北省除东南以外)、湖南西北角地区、广西北部以及云南、贵州、四川三省。南方民歌民谣区主要集中在浙江、江苏、湖南、江西、福建、广东、海南、台湾等地。很多方言之间可懂性不高,各方言区形成各自的民歌民谣特色。当然,每个区片内部的不同地区还会对五度二音组进行填充、改造,进而形成更细致的分区。下面举例叙述。

山东民歌民谣中,经常使用鼻音,这和山东方言有关。山东方言中有鼻化现象,即发音时由于软腭下垂,气流由鼻腔口腔同时发出,引起口腔鼻强腔两种共鸣,而是原来的口腔音带有鼻音色彩的现象。山东民歌民谣常有的这种鼻化现象就是方言声韵现象的自然流露。此外,山东方言语调的共同特点是多降调,句尾常常会有一个下滑音,曲调中也会带一定格式的落音。如山东德州一首流传很广的民歌《天上有嘛》,就很好体现了方言特点。部分唱词如下:

天上有嘛?天上有星。

窝儿里有嘛?窝儿里有水儿。

地上有嘛?地上有窝儿?

水儿里有嘛?有蛤蟆儿。

这首儿歌歌词里把表示"什么"的意思的"嘛"字运用到极致,也使用了"水儿、窝儿、蛤蟆儿"等当地的儿化词,表现出了孩童嬉笑打闹的既视感。此外,歌词演唱"嘛"时,使用了下滑装饰音,也是当地方言语调的体现。

西北地区以五度音组为核心的双四度框架作为其音调结构的基础,同时双四度框架向属方向扩展四度形成徵四音,形成本区域特色。下面以《天下黄河九十九道弯》为例,其歌词如下:

天下哟黄河九十九道弯,

亲不过我这水来,

爱不过我这山,

厚不过这黄土,

高不过这垣,

美不过羊肚子毛巾三呀么三道道兰。

坡坡上那犁哟,

河滩上那个纤,

拽出那个口头千千万,

热辣辣的个婆姨、火爆爆的汉,

汗珠子那掉的土呀、土冒烟,

隆咚采个一咚采个来采一个隆咚采采采,

嗨咿哟,嗨咿哟,哎来哎嗨哎嗨哟嗬,

哎,哎哟哎嗨。

枣花花那个香哟,

沙果果那个甜,

圪梁上个妹子、牵魂的线,

土窑里有我祖祖辈辈的恩和怨,

人走那个千里也要往回返,

隆咚采个一步采个来采一个隆咚采采采,

嗨咿哟,嗨咿哟,哎来哎嗨哎哟哟嗬,

哎，哎哟哎嗨。

大下哟黄河九十九道弯，

谁有我这水来，谁有我这山，

几千年的日子风刮散，

只有这山歌从来就没有断，

啊！从来没有断。

这首西北民歌使用了大量的方言词，如"垣、羊肚子手巾、圪梁、婆姨、汉"等，同时使用了语法上的重叠式，如"坡坡、枣花花、沙果果、火爆爆"等，加上大量西北部特色的衬词"嗨咿哟"及其变体，通过本区的音调结构，营造出浓郁的西北风，体现出西北黄土高原的粗犷豪迈之美。

东北的民歌多体现在二人转的小帽部分，多在婚丧嫁娶、节庆之日表演。有人说，二人转是东北民歌的艺术宝库，和东北方言密不可分。可以说，东北方言和东北民歌的风格直接相关。杨清波(2019)认为东北方言在语音上具有声音宏亮、嗓门儿高的特点，形成了诙谐幽默、直来直去的特有风格。这就促成了东北民歌"活""浪""俏""透""狠"的特点。

邻近东北地区的昌黎，形成了与东北话、北京话不同的"老呔儿"话，具有上调下滑的音乐性特征。从声调特征来看，聂洪超(2019)指出，"昌黎方言上调下滑的声调特色，形成了民歌中最常用的小三度加大二度的音乐语言。如C大调中的"re si la"或"so mi re"音组。通常，昌黎人在唱这两个音组时并不是平直的，而是起音上滑、尾音下滑。这样的音乐语言同当地语言声调相符合，成为昌黎民歌中别具风格的代表性乐汇。"

吴方言民歌民谣婉转曲折、流畅清丽、细腻柔和而回润。这种风格特点和吴侬软语的特点直接相关。冯蕊(2008)做过相关研究。冯蕊认为吴方言特有的声韵调直接形成了吴语民歌民谣的特点。从语言学上来看，吴方言的特点主要有：①声母分尖团，如"酒、焦"是尖音，"九、骄"是团音；②前元音丰富，如"山"普通话读an，而苏州吴方言读e；③声母分清浊。以上特点形成了吴地民歌民谣独有的特点：分尖团，使得团音的粗钝衬托了尖音的细锐；前元音丰富，使得声音圆润，有软糯之感；清浊对立，更显清雅典致。如无锡民歌《手攀杨柳望情哥》就很好地体现了吴方言的柔美之感。歌词如下：

结识私情隔条河，手攀杨柳望情哥。

娘问囡五望啥格？水面上穿条能格多。

歌词中特有的吴语方言词"囡五、啥格、能格"，"结识"一词，前字阳入，调值为2；后字阴入，调值为5；演唱时是升降型旋律，同时出字时前一、二个音上与字调的高低趋势基本相符。字调提供了旋律的基本调型，多变的字调，加之相对平和的起伏升降，都给人一种轻细柔和美的感觉。

第四章　民歌民谣之美

广东湛江流行雷州民歌，简称雷州歌，使用闽南方言分支雷州话演唱，2008年被批准为"国家级非物质文化遗产保护项目"。据董国华（2020）研究，雷州歌用韵趋于宽松、比较自由，由清末民初的34韵逐渐合并成了目前17韵。这种变化极有可能与雷州话与周边方言甚至普通话的接触有一定关系。可见，雷州歌的用韵变化也体现方言间的影响交融。

图4-2　民歌演唱者阿宝（张可心绘制）

第二节　好一朵美丽的茉莉花

一、流传最广的一首民歌民谣

如果问哪一首民歌民谣流传最广，大家的回答一定会是《茉莉花》。《茉莉花》在国内流传广泛，各地变种繁多，虽然对其产生地仍有一定争议，但是以流行于江南一带的江苏版《茉莉花》传播最广，最具代表性。《茉莉花》呈现出一种波动流畅、旋律委婉、感情细腻的风格，通过赞美茉莉花，含蓄地表现了男女间柔美淳朴的感情。《茉莉花》歌词早在清代乾隆年间的戏曲剧本集《缀白裘》中就已经出现了，加之近代国人海外移民、近几十年中国音乐逐步走向世界，流布传播遍及全球，影响广泛。

好一朵美丽的茉莉花
好一朵美丽的茉莉花
芬芳美丽满枝桠又香又白人人夸
让我来将你摘下
送给别人家
茉莉花呀茉莉花
好一朵美丽的茉莉花
好一朵美丽的茉莉花

芬芳美丽满枝桠

又香又白人人夸

好一朵美丽的茉莉花

好一朵美丽的茉莉花

芬芳美丽满枝桠又香又白人人夸

好一朵美丽的茉莉花

好一朵美丽的茉莉花

芬芳美丽满枝桠又香又白人人夸

茉莉花,茉莉花,茉莉花

让我来将你摘下

送给别人家

茉莉花呀茉莉花

好一朵美丽的茉莉花

好一朵美丽的茉莉花

芬芳美丽满枝桠又香又白人人夸

让我来将你摘下送给别人家

茉莉花呀茉莉花

茉莉花呀茉莉花

茉莉花呀茉莉花

《茉莉花》歌词简单,旋律优美,一咏三叹,便于记诵传唱。随着很多重要场合的旋律演奏,《茉莉花》的魅力和影响更盛,几乎成了中国音乐和中国的象征。可以说,《茉莉花》已经成为全球华人的乡愁寄托。

图 4-3　茉莉花(张可心绘制)

二、精彩纷呈的众多民歌民谣

上文简要举例式地介绍了一些民歌民谣的情况。其实,中国汉语方言复杂,以方言为基础,形成了色彩缤纷、风格各异的各地民歌民谣。各地民歌民谣或相互交流而传播,或世代传承而流布。为了更好领略民歌民谣的"美",我们在此按表现主题介绍。

(一)记录生活点滴

《沂蒙山小调》诞生于山东省临沂市费县,在当地是一首影响较大的民歌,后被联合国教科文组织评定为优秀民歌,闻名海内外。歌词如下:

人人(那个)都说(哎)沂蒙山好

沂蒙(那个)山上(哎)好风光

青山(那个)绿水(哎)多好看

风吹(那个)草低(哎)见牛羊

高粱(那个)红来(哎)稻花香

沂蒙(那个)果子(哎)堆满仓

人人(那个)都说(哎)沂蒙山好

沂蒙(那个)山上(哎)好风光

人人(那个)都说(哎)沂蒙山好

沂蒙(那个)山上(哎)好风光

沂蒙(那个)山上(哎)好风光

《沂蒙山小调》前身为《打黄沙会》。后人删去了揭露黄沙会反动本质的歌词内容,保留了歌颂中国共产党的内容,增加了赞美沂蒙风光的内容,使得《沂蒙山小调》这首歌终于定型,也反映了那个烽火年代,革命老区在中国共产党的领导下求解放的历史。

河北民歌《小白菜》、陕北民歌《兰花花》、东北民歌民谣《小看戏》等,都记录了那个时代普通人的悲观喜乐。

(二)记录年少欢乐

漳州长泰县闽南方言童谣《摇啊摇》十分有特色。歌词如下:

摇啊摇,摇到外妈桥

外公笑,外妈惜

好像水珠睏芋叶

睏啊睏,一暝大一寸

惜啊惜,一日大一尺

这是一首的闽南童谣中的摇篮曲。听到这么一首童谣,尽管你可能听不懂

"睏、瞑"等闽南词汇和音调,但是似乎不妨碍你会被唤起浓浓的母爱、绵绵的亲情和淡淡的乡愁。

客家人十分重视教育,在儿歌中也多蕴含劝导学习的内容。《月光光》的歌词通俗易懂,韵律感较强,还具有很强的美感,地区流传很广。歌词如下:

月光光,秀才郎;

骑白马,过莲塘;

莲塘背,割韭菜;

韭菜花,结亲家;

亲家面前一口塘,

打条鲩鱼八尺长;

大头拿来熬汤食,

尾巴拿来入学堂;

入个学堂四方方,

搬条凳子读文章;

文章读哩几多本?

三十零二本;

一本丢落塘,一本丢落井;

井里起银杆,银杆好架桥;

桥上好食饭,桥下好洗碗;

一洗洗到"乌舌嬷",拿给阿婆养鸡嬷。

(三)记录拼搏和亲情

闽南人素以敢打敢拼的拼搏精神著称。这种精神在闽南民歌民谣中也有反映。如《天下第一等》《爱拼才会赢》等就反映了闽南人外出打拼的勇气和劲头。下面以《天下第一等》为例做介绍。

人生的风景,就像大海的风浪。

有时凶猛有时平静,亲爱朋友你要小心。

人生的环境,乞丐也会有出头之日。

不要怨天不要怨人,命好命不好都是一生。

一杯酒两毛钱,三不五时就来聚一聚。

若要讲重情谊,我是世界第一名。

是缘分是注定,好汉剖腹来相见。

不怕风不怕浪,有情有义好兄弟。

配上闽南方言特有的声韵调,这首歌把闽南人的拼搏精神书写得淋漓尽致。

江浙沪一带的很多童谣《摇啊摇,摇到外婆桥》与闽南歌谣不同,它更多反映了浓浓的亲情,影响也较大。歌词如下:

摇啊摇、摇到外婆桥,

外婆叫我好宝宝。

跳啊跳,一跳跳到卖鱼桥,宝宝乐得哈哈笑

糖一包,果一包,外婆买条鱼来烧。

头勿熟,尾巴焦,盛在碗里吱吱叫,吃拉肚里呼呼跳。

第三节　歌声咏流传

一、传统的,时尚的

随着人口迁移和城镇化的推进,方言生态发生了很大的改变,一度被认为很土的民歌民谣还有人喜欢吗？新方言民谣给了我们一个回答。从20世纪90年代开始,中国音乐界涌现出了一批音乐人,他们风格不同、内容有异,但却尝试用方言演唱。时至今日,南方北方的各大城市都存在用方言歌唱的音乐人,几乎成为一种时尚潮流,有人称之为"新方言民谣",其中比较著名的传唱人有阿宝、王二妮、曹轩宾等。

尽管方言在式微,但是以方言为载体的民歌民谣仍具有顽强的艺术表现力,新的形势下,仍然可以保有其"方言之美",甚至创造新的时尚之美。

《映山红》是20世纪70年代初作曲家傅庚辰创作的。它的歌词语调依据普通话的音腔而高低起伏,且带有江西地方民歌的韵味,旋律环环相扣,一气呵成,感情真挚,将苏区人民对红军的渴盼之情以及对国民党反动派坚决斗争的意志淋漓尽致地表现了出来。歌词如下:

夜半三更哟盼天明

寒冬腊月哟盼春风

若要盼得哟红军来

岭上开遍哟映山红

若要盼得哟红军来

岭上开遍哟映山红

岭上开遍哟映山红

岭上开遍哟映山红

映山红哟映山红

英雄儿女哟血染成

火映红星哟星更亮

血撒红旗哟旗更红

火映红星哟星更亮

血撒红旗哟旗更红

高举红旗哟朝前迈

革命鲜花哟代代红

革命鲜花哟代代红

【视频4-3　陕西周至郑环英地方普通话唱《映山红》　王丹慧录制】

（4-3　陕西周至郑环英奶奶地方普通话唱《映山红》　王丹慧录制）

《加了蜜》是我国台湾民谣歌手陈永淘创作的一首客家话歌曲。风格感情真挚、自然美妙，充满孩子们的欢声笑语。歌词如下：

记得当时年纪小

我俩青梅竹马

青梅已经不见了

竹马（猪嬷）紧来紧大条

（母猪越来越大只）

红红嘅日头爱上山

（红红的太阳要上山）

红红嘅枫叶会跳舞

（红红的枫叶会跳舞）

红红嘅蕃薯囥地泥

（红红的蕃薯藏地下）

红红嘅朋友加了蜜

（红红的朋友小番茄）

红红嘅面颊加了蜜

（红红的面颊小番茄）

红红嘅嘴唇加了蜜

（红红的嘴唇小番茄）

红红嘅心情加了蜜

（红红的心情小番茄）

红红嘅朋友加了蜜

（红红的朋友小番茄）

"加了蜜（实为"柑仔蜜"）、猪嬷（母猪意）"等客家方言词语的使用，效果很好。"加了蜜"会让人感到比较甜美，"猪嬷"又与"竹马"谐音，幽默风趣。全首民谣呈现出开心快乐、甜美活泼的童谣风格。

《大田后生仔》是一首2019年创作的闽南方言歌曲，歌词普通话和闽南话交替出现，演唱颇有淳朴真挚的民谣之风，是把"家乡唱给你听"的尝试，获得网络广泛认可。

普通话：

我出生的地方叫做大田县

县里很多的乡镇　他们都很团结

东街口的路边　有很多奶茶店

零零后的同学　你不会说方言

闽南话：

做侬一世侬啊　快活无几工啊

一条大路做两爿啊　乞伊卜行底爿啊

毋惊毋惊就毋惊　我是后生仔

风大雨大日头大　我就是敢拍拼

呀伊　呀伊哟　呀伊哟喂　呀伊哟

呀伊　呀伊哟　呀伊哟喂　呀伊哟

普通话：

我生活的地方叫做大田县

县里很多的姑娘　她们都很安全

一年四季的秋风　又吹到了这儿里

我说年复一年　你说多赚点钱

闽南话：

做侬一世侬啊　快活无几工啊

一条大路做两爿啊　乞伊卜行底爿啊

毋惊毋惊就毋惊　我是后生仔

风大雨大日头大　我就是敢拍拼

做侬一世侬啊　快活无几工啊

一条大路做两爿啊　乞伊卜行底爿啊

毋惊毋惊就毋惊　我是后生仔

呀伊　呀伊哟　呀伊哟喂　呀伊哟

天光日头大大亓，曝遘䐜头卜食水

卜食水！我爱你，大田！

二、传承的，保护的

一些原来强势的方言区，在时代的大潮下，其方言以及民歌民谣的传承也面临着较为严峻的形势。比如粤语歌谣品种丰富，甚至一度风靡华语世界，但是其民歌民谣也面临传承问题。为了更好地传承好、保护好方言及方言文化，为民歌民谣营造良好的语言生态，党和政府及社会各界采取了积极有为的措施。例如广东暨南大学文化课堂开设粤语系列专题,邀请暨南大学汉语方言研究中心的专家,围绕粤语文化、粤语吟诵、粤语民歌等专题展开,注重专业性、知识性、活泼性、趣味性,尝试唤起粤语母语保护意识。

一些民歌民谣可以为其他的文学艺术提供很好的借鉴。诗歌原来就是民间民众缘事而发,后期则为文人学习,进而发扬光大,历史上的"五言诗、词"等都是这样的发展历程。关于当代新诗如何发展的问题,有人认为(蒋明智,2016)新诗应该向歌谣学习,学习歌谣的传统,可以视为一条正确的创作道路。文中作者认为真正的诗歌"应该具有真实、自由、广泛地反映社会生活、抒发人民(而不是个人的)强烈的喜怒哀乐的民间歌谣的本质","应该具有反映民众心声,批判、谴责、讽刺社会丑恶、腐朽事物的民间歌谣精神","应该具有与本民族文化、习俗、伦理血肉相连的民间歌谣的民族风格","应该具有歌手展演和听众传承的民间歌谣的自我再生能力"。我们深以为然,这种跨界的借鉴,其实秉承了"时代的,才是历史的;时代的,才是民族的"创作原则,更是一种借鉴式的保护与传承。

福建省是闽南方言的主要分布区。为促进闽南话歌曲创作和传唱,传播和弘扬闽南文化,自2006年起,福建省委宣传部、福建省广播影视集团等单位共同主办"全球闽南语歌曲创作演唱大赛",取得了良好的效果,逐渐使福建成为闽南话歌曲的创作基地。

2007年,中国第一个国家级文化生态保护"闽南文化生态保护实验区"设立,使闽南文化(含方言)得到全面保护和深入研究,标志着我国文化遗产的保护进入一个整体、活态保护的新阶段。

【视频4-4 福建周宁歌谣《病囝传》陈贵秀提供】

(4-4 福建周宁歌谣《病囝传》陈胜财发音 陈贵秀录制)

截至2020年,我国先后设置国家级生态保护实验区23个,其中徽州文化生态保护实验区、客家文化(梅州)生态保护实验区、晋中文化生态保护实验区、潍水文化生态保护实验区、陕北文化生态保护实验区、客家文化(赣南)生态保护实验区、客家文化(闽西)生态保护实验、说唱文化(宝丰)生态保护实验区、河洛文化生态保护实验区等,都涉及汉语方言及方言文化的保护与传承。

三、民族的,世界的

近代以来,随着人口的迁移,比如走西口、闯关东、下南洋,人们远离家乡,但是家乡的乡音依然会在心里想起、口中唱起,在孩童中传递,成为对家乡的另一种思念。晋语民歌民谣《走西口》,粤语方言民歌民谣《步步高》《彩云追月》《下山虎》《门前花开四时香》《太阳出来喜洋洋》,闽南方言民歌民谣《阿农》《酒梦》《酒干倘卖无》《望春风》,客家民歌民谣《十送红军》《采茶歌》《排排坐唱山歌》《阿哥出门往南洋》,这些民歌民谣伴随移民走得更远,但是依然铭记家乡。

客家人遍布海内外,故乡意识十分浓烈,这可能与客家人的不断迁徙有关。著名指挥家郑小瑛将现代交响乐和古老的客家土楼文化美妙地结合起来,指挥了大型交响诗篇《土楼回响》,艺术再现了客家先民们因逃避战乱辗转南迁、重建家园的顽强意志,描绘了客家人无论身在何处,总是梦萦家园、心系祖国,对故土有着特别深厚的爱国爱乡情怀。《土楼回响》在10几个国家和地区完成了70多场演出,创造了中国大型交响乐作品演出场次之最。

每当结尾齐唱"你有心来俺有情喏,唔怕山高啊水又深呐,山高自有人开路喔,水深还有哇造桥人呐"的客家山歌时,民歌民谣的生命之力、艺术之美都得到了极度认可。

图 4-4　郑小瑛(张可心绘制)

学习小结

民歌民谣凝聚了人类的生命之美,伴人始终;民歌民谣与方言关系密切,处处体现方言之美。民歌民谣凝聚着乡情乡愁,《茉莉花》则成为全球华人乡愁的寄托。各地方言民歌民谣在新时代,以各种形式激发着人们的创作热情,也吸引了越来越多的人们的关注。在欣赏基础上,理解民歌民谣的"美",这种美是灵动的、凝固的、永恒的。在式微的大背景下,各方都积极为保护民歌民谣奔走,激发起社会民众的意识——民歌民谣是传统而又时尚的,是民族的也是世界的,需要我们积极作为。本章要求学生通过搜集母语方言中的民歌民谣,理解民歌民谣的生命力和艺术魅力,引导学生增强文化自信心和对地域文化的热爱。

扩展链接:

张杰.学唱民歌与学习汉语[J].海外华文教育,2007第1期。

关 键 词

民歌民谣 Folk songs。

思 考 题

1. 结合自己方言背景(或选择感兴趣的方言的民歌民谣),任选一首民歌民谣,谈谈如何表现音乐之美、方言之美、音律之美、生活之美、爱情之美中的一种或几种。

2. 结合自己方言背景(或选择感兴趣的方言的民歌民谣),谈谈为了更好地传承和保护民歌民谣,我们应该做哪些努力。

3. 运用所学音视频技术,摄录3~5分钟自己感兴趣的方言民歌民谣。

4. 有人说,民歌民谣使用普通话会流传更广,不需要使用方言,你怎么看呢?

参 考 文 献

1. 常庆庆.方言缺失下的民歌传播形态初探——以山西民歌《想亲亲》为例[J].《传统音乐文化传播研究》.第2期.2015.

2. 冯蕊.方言与曲调——江苏方言对江苏民歌的影响[J].黄河之声.第24期.2008.

3. 李晋东.方言色彩区与民歌色彩区共性的探讨[J].黄河之声.第11期.2011.

4. 刘育林,常炜炜.陕北民歌与陕北方言[J].《中国音乐》.第1期.2005.

5. 蒋明智.当代新诗如何传承歌谣传统[J].《文化遗产》.第2期.2016.

6. 聂洪超.昌黎民歌语音特征研究[N].西南大学硕士学位论文.2019.

7. 邢向东.秦晋两省黄河沿岸方言的关系及其形成原因[J].中国语文.第2期.2009.

8. 徐平.方言与民歌刍议[J],《民俗研究》.第2期.2004.

9. 杨清波.东北民歌方言探究[J],《大连大学学报》.第1期.2019.

10. 张静.民歌和方言关系研究[J],戏剧丛刊[J].第3期.2010.

11. 甘肃省环县文化馆编印.环县民歌(第一集)[M].1981.

推荐书目:

王克明.听见古代:陕北话里的文化遗产[M],北京:中华书局,2006.

第五章 地方戏之美

本章导读

地方戏是乡土文化的重要组成部分,也是传统文化极为重要的传播形式。在传统社会,戏曲在村头巷尾,演绎着家国、君臣、父子、夫妻、亲友之间的悲怆欢喜、聚散离合。正是一幕幕的演出,使人们欢乐着别人的欢乐,悲伤着别人的悲伤。

地方戏,往往以某一地域为基础,以诞生地方言为媒介,形成独特的唱腔曲调。随着流布传播,影响渐大,也会吸收其他方言的一些特点,逐步走出诞生地,走向更为广阔的世界。但是无论走到哪里,地方戏中总能找到诞生地方言或对其发展影响较大方言的影子。如评剧中的唐山方言,豫剧中的河南方言,川剧中的四川方言,楚剧之中的湖北方言。

地方戏是中国艺术百花园中的奇葩。虽总称地方戏曲,但是各地多寡不一,声调唱腔林林总总,加在一起不下几百种。生旦净丑,抑扬顿挫,古往今来,悲欢离合,小舞台,大世界。

地方戏最能体现传统中国人的审美追求、道德伦理、精神气质。很多人都有在童年和长辈一起看戏的经历,那一定是温馨的回忆。随着我们中的更多人走进城市,你还记得乡村锣鼓钹镲之声吗?

【学前思考】

你能想起哪些戏曲片段?

【学习目标】

(1)了解戏曲基本知识。

(2)理解地方戏曲体现的传统文化之美(唱腔、道德、艺术等)。

(3)理解方言与戏曲的关系。

(4)尝试讨论中国戏曲的当下价值以及走向海外的传播之路。

【学前体验】

【视频5-1 昆曲《狮吼记》片段】

(5-1 昆曲《狮吼记》片段 杜媛提供)

【视频5-2 京剧《锯大缸》片段】

(5-2 京剧《锯大缸》片段 杜媛提供)

【音频5-3 京剧《金玉奴》定场诗念白】

(5-3 京剧《金玉奴》定场诗念白 杜媛提供)

【视频5-4 豫剧《花打朝》片段】

(5-4 豫剧《花打朝》片段 杜媛提供)

第一节 何为地方戏

一、概述

(一)戏曲小史

早在先秦时代,华夏文明就在黄河流域产生了《诗经》,在长江流域产生了楚文化的《楚辞》以及吴越文化,形成了基于三种不同语言的乐歌文化。这可以看作戏曲的滥觞。屈原的《九歌》具有歌、乐、舞相结合的特点,其中的《湘君》《湘夫人》就有男女双方互表心迹的对唱部分,这些都有一定的戏曲因素,可以看作后世戏曲的萌芽。《史记》记载的春秋时期楚国的典故"优孟衣冠",后来成为登场演戏的代称。

宋金及元时期,戏曲史上产生了两种不同的声腔流派,即南曲戏文和北曲杂剧,标志着中国戏曲的成熟。南曲戏文随着腔调流传到其他地方时,为了吸引更多观众,就必须吸取当地方言和音乐的特点,二者相交融,进而产生地域变异。南曲和北曲的区别就主要体现在方言和地域性的音乐两方面。例如,中国最后产生的剧种——唐剧,首次公演于1960年,其唱腔就是以乐亭方言语音调值为基础的,阴平调值33、阳平调值212、上声调值213、去声调值54。唐剧唱腔旋律受到乐亭方言声调的制约和影响,阳平上声调值相似,增加了字调起伏性,从而形成了唱腔婉转优美的特点。

同样,不同剧种由于方言字音调值不同,必然造成声腔旋律有异。例如,在皮簧系统中,徽戏中的促调,在京剧中已派入阴平、阳平、上声、去声四声之中;粤剧、桂剧中的闭口韵,与剧种产生地的粤方言、西南官话的方言特点有密切关系。

丰富的地方戏曲声腔应归功于复杂的方言。腔、字相倚,唱腔和字音的密切配合是戏曲的共有特征。"声腔",原指字的读音(含声、韵、调),后来引申为戏曲的声腔、唱腔。汉字的音乐性主要体现在声韵调上,戏曲声腔最基本的元素是字音,二者是唇齿相依的关系,从南曲、北曲开始就是如此。后来的梆子、皮黄系列的剧种,尽管不像南、北曲和昆曲的字、腔关系那么复杂,但这种字、腔关系仍在。京剧唱腔用的是"湖广音",也强调字正腔圆,实际上"字正"不等同于"腔圆",但"字正"确实是"腔圆"的前提,不能随意为之。此外,地方戏的声腔与对白均用方言,才会有浓郁的地方特色。二者不能一个用方言，一个用通语。

20世纪40年代，徐嘉瑞写作《金元戏曲方言考》。书中以元曲、元杂剧以及明人曲本等文献为基础，通过书证，引用方言材料来研究戏曲中的疑难词语，释词明义以求通达，具有开创之功。同时也说明，金元戏曲诞生之际、盛行之时，大量吸收了当时的方言俗语，从而使语言表达具有口头性、群众性的特点，形成了通俗、奔放的风格。这也表明方言和戏曲的密切关系。

(二)戏曲地理与方言地理

戏曲语言是在诞生地方言基础上形成的，尽管随着戏曲的流布，其语言会有变化，但是并不能从根本上改变其方言特点，这就使得戏曲流布范围往往与方言分区多有重叠之处。具体体现如下：

①戏曲剧种流行地域与方言区常常是重叠的。例如，台湾形成的歌仔戏，主要流行于台湾讲闽南话的地区；粤剧的流行范围基本上也多在粤方言分布区域。

②剧种的流行范围和方言从大到小的区划很多时候也是重叠的。例如，浙江的绍剧、甬剧、湖剧、瓯剧、婺剧等剧种，分别对应浙江吴方言下面的不同方言小片。绍剧主要流行于以绍兴为中心的临绍方言小片，甬剧主要流行于以宁波为中心的宁州方言小片，湖剧主要流行于以湖州为中心的湖州方言小片，瓯剧主要流行于以温州为中心的东瓯方言片，婺剧主要流行于以金华为中心的婺州方言片。

③剧种诞生地方言对剧种的重大影响，从移民角度也可以看出来。例如，山西全境大都是晋剧的流行地，但是在山西境外，河北、河南、内蒙古、陕西部分地区也流行晋剧。内蒙古、陕西流行晋剧就与人口迁移直接相关。闽南高甲戏、歌仔戏随着闽南人迁移到广东、海南岛、台湾省，乃至东南亚、美洲大陆，也迅速流布到这些地区。同样，粤剧随着广东人迁移到东南亚和美洲各国，使得粤剧在海外频频上演，深受欢迎。这使得粤剧也成为世界非物质文化遗产之一。

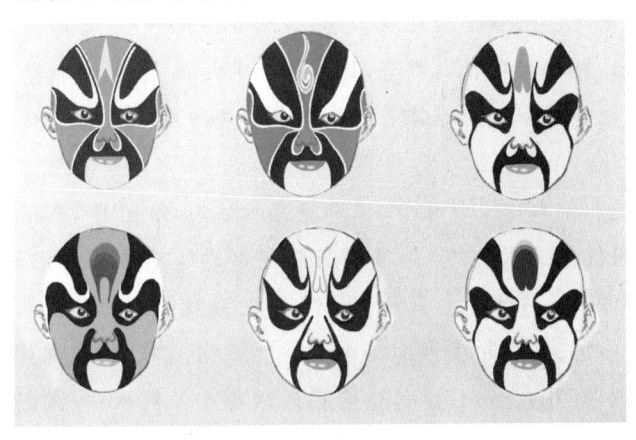

图 5-1 脸谱(吴亚辰绘制)

二、戏曲与生活

早在元代时,大都约有人口约四五十万。其中包括工匠、小贩、小吏、奴仆,乃至引车卖浆之流,人数众多,成了大都市民的主要部分,他们的文化娱乐的需求以及审美趣味,就为元杂剧的繁荣发展创造了前提条件。在传统的社会,观看戏曲是民众生活的重要组成部分,不仅重大的节日要看(比如春节),而且婚庆添丁等家中大事的时候,也要上演戏曲。鲁迅先生在《社戏》就写到自己的看戏经历,总共三次,前两次是辛亥革命后在北京看京戏,第三次是少年时在绍兴乡村看社戏。从中我们可以看到,当时看戏可以说成了民众生活的一部分。陈鸿年先生是一位老北京,后旅居台湾,用北京话写作了《故都风物》,描绘了20世纪20年代末到40年代末的北京风物人情。其中的一篇《票房》,前半部分描绘了北京那个时代戏曲对百姓的影响,惟妙惟肖,可以窥见那个时代的生活场景,体味那浓浓的北京味儿、戏曲味儿。摘录于下,以飨读者:

生长在故都的人,无论是穿长袍短褂儿的"尖特曼",或是胼手胝足的卖膀子气力的,兴之所至,常常有两口儿西皮二黄,信口流出。

不怕是终日脊背朝天,背一辆洋车,忙劳碌的拉洋车的,一旦不拉座儿的时候,车把一放,人往车簸箕上一坐,身子往后一靠,您听吧,就许滋滋味味儿的:"昨夜一梦真少有,有孤王坐至在,打鱼的一小舟……"真是活裘派花脸的味儿。

下弦的月亮,还没有上来。北平市小街小巷的路灯,又不十分讲究,老远一盏,半明不亮的,一些夜归人,走黑胡同儿,路冷人稀,走起来怪胆丢丢的。常常一进胡同,便使大劲咳嗽清嗓子,然后扯开喉咙:"孤王、酒醉、桃花官……"学两句儿刘鸿声,自己壮一壮胆儿!

在大杂院儿里,有的做花儿活,有的准备做小买卖营生,在他工作进行中,两手不闲,嘴也跟着来了:"老爹爹若是丧了命,孩儿不去哭一声,非是孩儿不孝顺……"

生旦净末丑,您听吧!什么都有,就是一个半大孩子,也带来句"一马离了西凉界"。有些大姑娘,小媳妇,一边作着活儿也在细声细气地哼着:"芍药开牡丹放,花红一片……"

京戏好像是北平人的大众嗜好,谁都能哼两句儿,谁也都爱唱两口儿!

虽然那个时代已经远去,但是各地戏曲在百姓生活中都有潜移默化的影响。如今40岁左右的人,估计都会有和爷爷奶奶去看戏的回忆。尽管有人说戏曲式微,但是仍在很多地方,戏曲顽强地传承着。比如河南豫剧,在河南乃至全国都有良好的观众基础,有几人不知道《七品芝麻官》《花木兰》《穆桂英挂帅》《朝阳沟》的呢?"辕门外三声炮如同雷震,天波府里走出来我保国臣。头戴金冠压双鬓,当年的铁甲我又披上了身""刘大哥讲话理太偏,谁说女子享清闲。男子去打仗到边关,女子纺织在家园"的唱词和唱腔,大家也是耳熟能详。

三、戏曲主题

戏曲反映了中国人的审美追求和价值追求,在唱念做打、生旦净丑中展现悲欢离合、喜怒哀乐,讲述着他人的故事,体味着自己的人生。从主题来看,戏曲主要分为历史题材和现代题材。每类题材下面又分为若干小的分类。

(一)历史题材

1. 历史主题

中国有着悠久的历史,很多历史故事被纳入剧作者的创作范围,形成了历史主题的戏曲,蔚为大观。如《搜孤救孤》,演绎了春秋时期晋国大夫赵盾因进谏而遭奸臣陷害惨遭灭门,公孙杵臼舍身,程婴舍子救出孤儿后,抚养赵氏孤儿长大并报仇雪恨的故事。这个故事很早就传到了西方世界,引起了极大反响。历史剧根植传统文化,具有顽强的生命力。

为了扩大影响,戏曲人不断从历史故事中选取素材,创作了新编的历史题材剧目。这些剧目在汲取传统历史题材创作经验的基础上,更加突出现代审美。这期间影响比较大的剧目也有一批,如《于成龙》。

2. 神话题材

取材于历史神话、传说轶事、《西游记》等具有传奇色彩的各地戏曲。多在祭祀等重大场合和节庆之日上演,比如钟馗系列和西游系列的戏曲。钟馗是道教人物,专司驱邪打鬼。西游题材多以孙悟空为主角,表现孙悟空降妖除魔。此类戏曲表现了人们追求美好生活的愿望。

3. 文学作品题材

取材于中国文学作品中的人物、故事,形成戏曲的文学作品题材。比较著名的是取材于四大名著中《水浒传》《三国演义》《红楼梦》的各地戏曲。如中国第一部电影《定军山》就是三国故事,其余比较有影响的有《空城计》《黛玉葬花》等。名著具有很高的艺术性和社会影响,改编后也多成为人们喜闻乐见的剧目。

4. 百姓题材

取材于社会生活,反映小人物的悲欢离合,形成了百姓题材。在后来产生的戏曲中,诞生了很多百姓题材的剧目。如评剧产生在 20 世纪二三十年代,以"三小"(小旦、小生、小花脸)为特色,出现了很多以市民、农民为主角的剧目。如《花为媒》《小姑贤》《秦香莲》《马寡妇开店》等,深受观众喜爱。

(二)现代题材

现代题材与传统历史题材不同,多取材于现当代时期的人物、故事,反映现当代人们的日常生活、革命奋斗。比较有名的剧目有《红灯记》《沙家浜》《智取威虎山》《白毛女》等。此外,评剧以反映社会生活见长。比如为了表现中国工农红军北上抗日的历史,创作了《金沙江畔》;为了配合婚姻法的颁布与实行,创作了《刘巧儿》《小女婿》《小二黑结婚》。这些剧目都成为评剧的经典代表,一直上演不衰。

第二节 原来姹紫嫣红开遍

一、戏曲之美

戏曲是一门综合艺术形式,蕴含着优秀的中华传统文化、传统艺术。尤其是作为国粹的京剧,虽然产生较晚,但是也正是由于产生晚,得以吸收以前艺术之长,承载了民族文化的精髓,成为最具代表性的剧种。戏剧之美是全方位的,作为舞台艺术,它唱腔美、表演美、音乐美、化妆美、服饰美;作为文学艺术,它语言美、人文美、理想美。戏剧产生于古代,又有文人参与创作,加之源自民间,戏剧语言具有浓郁的语言之美,主要体现在如下方面:

(一)尖团

很多地方戏曲中保留着尖团分流的现象,这可能是保留产生时的语言特征,加之戏剧传承的原因而得以保留。在唱腔中,二者形成尖团对比,造成悦耳的音感效果。昆曲(含高阳昆曲)、京剧(部分流派)、豫剧都保留着分尖团的情况。例如"姐、青、笑"是常见尖音字,声母分别为 z、c、s,不读 j、q、x,与团音字不合流,这就会在听感上有一种柔美婉转之美。除了尖团,很多古老的剧种里面还保留了一些古音,比如泉州南音中的"鹧鸪音"就是古音的遗留。

(二)词汇

地方戏会大量使用方言中的词汇,形成特色,也很符合当地人的欣赏习惯。

比如,黄梅戏中就有很多黄梅、安庆的方言词,"站立"说成"起","什么"说成"么事","知道"说成"晓得","吃晚饭"说成"过夜","聪明"说成"刁灵","人人"说成"各自各","感谢"说成"感情",等等。再如,泉州南音里面有一些存在泉州方言的俗语,"无甚雨,落三透(比喻指被小事搞得狼狈不堪)","李固见员外,无话中说(意思是人做了丑事,无言以对)"。越剧中也有一些嵊州方言词汇,如父女相互的称呼分别为"阿爹""阿囡",用"面"不用"脸",所以说成洗面桶(也就是洗脸盆)。唱词中常见的名词词尾"头",也是方言词语,可以听到"花头(花样)""热头(太阳)""年头(时局)""火头(火力)"等词语。

(三)语法

戏曲语言与日常口语并不完全一样,但仍会吸收方言中的一些特点。如黄梅戏的语法受到了安庆方言和江淮官话黄孝片的影响,念白唱词中会有所体现。以

"把"字句为例,把字句在江淮官话中与普通话不同,所以在黄梅戏中可见"公公,它还是不开口,雨伞把我(雨伞给我)""你把我笋子踩断了吧?(你将我笋子踩断了吧)""夫妻双双把家还"的说法。越剧中有一套人称代词,其中第一人称为我,第二人称为侬和尔,第三人称为伊。这套人称代词就是来自嵊州方言。类似的来自嵊州方言的还有否定词用"勿"、助词用"哉"和"格"(分别相当于普通话的"了"和"的")。

(四)唱词

戏剧唱词一般都押韵,音韵和谐,优美动听。由于文人的加工,戏曲语言多典故、书面词语,具有书面化色彩,这就往往形成辞藻华美、典正雅致的语言风格。

下面以昆曲《牡丹亭》节选和京剧《贵妃醉酒》节选为例。

《牡丹亭·惊梦》【商调】皂罗袍:

原来姹紫嫣红开遍,似这般都付与断井颓垣,良辰美景奈何天,赏心乐事谁家院。朝飞暮卷,云霞翠轩,雨丝风片,烟波画船,锦屏人忒看的这韶光贱。

此段唱词用词典雅,音律和美,雅丽浓艳而不失蕴藉,情、景、戏、思融为一体,给人以诗意的艺术享受。

《贵妃醉酒》"海岛冰轮初转腾":

海岛冰轮初转腾。

见玉兔,

玉兔又早东升。

那冰轮离海岛,

乾坤分外明。

皓月当空,

恰便似嫦娥离月宫,

奴似嫦娥离月宫。

此段唱词使用比喻修辞,塑造了唯美的明月初升的意境,用词雅丽,使人有身临其境的感觉。

(五)世俗理念

地方戏曲体现了某一地域民众的价值取向、思想观念、精神信仰等世俗理念。

比如,黄梅戏《剪发记》中有"男子无妻家无主,女子无夫冷落孤灯"的唱词,反映了人们的婚姻家庭观念;《双插柳》中有"宁做忠臣门下客,勿做奸臣脚下官"的唱词,反映了人们的价值取向;京剧《击鼓骂曹》中有"昔日太公曾垂钓,张良拾履在圯桥。为人受得苦中苦,脱去了褴衫换紫袍"的唱词,反映了人们对奋斗成功的认识;京剧《双投唐》中有"人心不足蛇吞象,雪霜焉能见太阳"的唱词,反映了人们对人性弱点的认识。

地方戏曲,是一个万花筒,透过它,可以发现无尽的风光;透过它,可以了解更多的地域文化内涵。

图 5-2　戏曲(吴亚辰绘制)

二、戏剧与方言

戏剧源自某一地域,地域方言对戏曲唱腔、用词等方面产生了重要影响。下面先简要介绍一些剧种,再从戏剧与方言关系出发,分析二者的关系。

(一)剧种简介

1. 京剧

京剧在表演、音乐、文学、舞台美术等各个方面都有一套规范化的艺术表现形式。它以历史故事为主要演出内容,角色分为生、旦、净、末、丑,以二簧、西皮为主要声腔。京剧伴奏分文场和武场两大类,文场以胡琴为主奏乐器,武场以鼓板为主。传统剧目约有1300多个,常演的在三四百个以上。京剧流播全国,影响广泛,有"国剧""国粹"之称。以梅兰芳命名的京剧表演体系被视为东方戏剧表演体系的代表,为世界三大表演体系之一。2006年,京剧被列入第一批国家级非物质文化遗产名录;2010年,被列入联合国教科文组织非物质文化遗产名录。

2. 评剧

评剧,清末在河北滦县莲花落的基础上形成,流传于华北、东北,有东路、西路之分,以东路评剧为主。中华人民共和国成立后,《刘巧儿》《小女婿》《花为媒》《杨三姐告状》等剧目在全国产生很大影响,涌现出了新凤霞、小白玉霜、魏荣元等著名演员。2006年,评剧被列入首批国家级非物质文化遗产名录。

3. 豫剧

豫剧,发源于河南开封,是在河南梆子的基础上发展起来的。唱腔抑扬有度、铿锵大气、吐字清晰、行腔酣畅,善于塑造内心情感,随着近十年来中华优秀传统文化的传播,不断走向海外,被西方人称赞为"东方咏叹调"。2006年,被列入第一批国家级非物质文化遗产名录。

4. 昆曲

昆曲,原名"昆山腔",发源于14世纪的苏州昆山,是中国古老的戏曲声腔、剧种,现在又被称为"昆剧",被称为"百戏之母"。昆曲糅合了唱念做打、舞蹈及武术等,曲词典雅、行腔婉转、表演细腻,以曲笛、三弦等为主要伴奏乐器,其唱念语音为"中州韵"。2001年,昆曲被联合国教科文组织列为"人类口述和非物质遗产代表作";2006年,被列入第一批国家级非物质文化遗产名录。

5. 越剧

越剧,发源于浙江嵊州,发展于上海,流布全国。在发展中汲取了昆曲、绍剧等特色,经历了由男子越剧到女子越剧为主的历史性演变。越剧长于抒情,以唱为主,声音优美动听,表演真切动人,唯美典雅,多以"才子佳人"题材为主,艺术流派纷呈。2006年,越剧被列入首批国家级非物质文化遗产名录。

(二)戏曲与方言的互动案例

1. 北昆与高阳方言

高阳昆曲是昆山腔的一个分支,主要流行于河北中部、东部及京津一带。中华人民共和国成立后,改称为"北方昆曲"(简称北昆)。北昆发祥地在高阳县,也称高阳昆曲。北昆韵白的音系受高阳方言影响较大。孙燕(2013)发现,北昆韵白的声母虽然具有全套的浊塞音,但浊塞擦音、浊擦音都已经清化,尖团音系统和高阳方言基本一致;在韵母上有更多的双元音;在声调上已经由南昆的7个声调变为高阳方言的4个声调。

2. 京剧上口字与北京方言

京剧舞台的"上口字",如"爵、雀、觉、岳、学、却"等,都作io韵。关于其来源,大家意见不一。张卫东(2020)研究发现,在《老乞大》时代,io韵是南方音,在北京话里是口语音。上口字由原籍南方的进京戏班艺人"圈定",但是这些音是先被北京音系筛选、改造的,而不是京剧艺人们直接从南方方言中选取的。从《老乞大》中看,大部分时间里这种外来音是作为北京口语音存在的,已经不再是南方音了。

3. 越剧与嵊州方言

作为成熟的戏曲艺术,越剧言是和嵊州方言深层契合的,但是这种深度契合表现在既保留地方艺术的独特性,又不能完全照搬原生地的口语。因此,越剧语言鲜明地体现着嵊州方言的特色,但绝非单纯地将嵊州方言配上音乐搬上舞台。越剧语言,由于角色多样、风格丰富,实际上是一个书面语化的嵊州方言体系;或者说,越剧语言拥有嵊州方言的体系,并在此基础上建构了一个书面语化的嵊州方言体系。中国著名越剧表演艺术家茅威涛深有感触地说:"越剧今后无论怎样发展,有三个基本点不能放弃:越剧的写意性、坚持女子越剧和嵊州方言,这三个基本点就是越剧的个性。"

4. 南音与泉州方言

宋元以来,泉州成为闽南地区政治、经济和文化的中心,使泉州方言具有权威性,不断影响着闽南各地的方言土语。南音就是以泉州音为标准音的,从诞生起到21世纪,没有因为闽南标准音的转换而受到多大影响。泉州人黄谦编写于清代嘉庆年间的《香音妙悟》仍然一直被当作闽南各地韵书的蓝本。由此可见,剧种形成之后,对产生地语言的影响之大。

5. 粤剧与广州方言

从唱官话到唱粤语,是粤剧历史上影响巨大的一个重要发展阶段。这种变革使得粤剧朝着地方化、生活化发展,并得到普及和发展。

唱粤语对粤剧的流变发展起了很大的作用。比如,粤语有9个声调,每个字只要读音的高低稍有不同,便会变成另一个不同声的调,改用粤语演唱后,要求按照"按字求音""问字取腔"等方式组成不同的腔调,就必须改变用官话唱的声腔,从而引起唱腔音乐等多种变化,使唱腔更为丰富灵活,加强了表现力。再如,用粤方言演唱后,编演时男角不再用假声,便可以将很多广东民间说唱及小曲等吸收进来,使音乐唱腔更富生活气息;同时,在唱念上增加广东本土的惯用语、俗语,显得更通俗生动,这就拉近了与观众的距离,具有强烈的艺术效果。历史证明,粤剧一定要固守粤语。

总之,地方戏是方言艺术。方言是限于其流行于一定区域的重要因素,但是也是其特色、魅力之所在。有些戏剧种类影响会越来越大,走出发源地,但是发源地方言仍是其生命之所在、魅力之源泉。有专家(杨璞,1992)指出:"任何一种地方戏其屹立于戏曲之林唯一可恃之条件,就是自己独特的地方风格,这种风格的根本就是地方语言,而语言中特色最鲜明的部分就是语音。用普通话取代方言以追求'全国性',无异于在为地方戏掘墓。"

第三节 绽放新魅力

一、保护与传承

当今年代,受国内外各种流行艺术的挤压,戏剧面临着巨大挑战。挑战也是机遇,随着中国各方面的发展,民众的民族自尊心、文化自信心得到了极大增强,人们开始认同传统文化的价值,从更多方面努力保护传承戏剧。

(一)戏曲进校园

2017年,中宣部、教育部、财政部、文化部发布了《关于戏曲进校园的实施意见》,要求加强戏曲通识普及教育,增进学生对戏曲艺术的了解和体验,营造戏曲传承发展的良好环境。将传统戏曲引进校园,对发展传统文化具有积极作用。这在一定程度上不仅可以丰富校园的文化生活,还可以帮助学生认识与了解戏曲文化,唤起青少年对戏曲艺术的兴趣,陶冶情操,从而起到弘扬传统美德、成风化人的作用。

2020年,戏曲进校园基本实现全覆盖,达成常态化、机制化、普及化,促进了戏曲艺术的普及、传承与发扬。

(二)乡村振兴

2017年10月18日,习近平总书记在党的十九大报告中提出乡村振兴的战略,指出实施乡村振兴战略是传承中华优秀传统文化的有效途径。中国特色社会主义乡村振兴道路怎么走?其中一条是必须传承发展提升农耕文明,走乡村文化兴盛之路。而地方戏曲是农耕文明和乡村文化的重要组成部分。可以说,乡村振兴为地方戏曲的复兴提供了重要契机。

在乡村文化振兴中,地方戏曲的传承保护是重要组成部分。全方位构建乡村地方戏曲发展的良好文化生态,既可以促进地方戏曲的传承保护,又能丰富群众生活,淳化民风,提升群众精神面貌,促进乡村文化振兴。福建泰宁的梅林戏,2006年入选第一批国家级非物质文化遗产名录,但是面临着消亡的危险。当地政府积极采取抢救措施,成立了梅林戏艺术传承保护中心,和高校合作,培养人才,编排新剧,走出国门,成为地方文化名片;同时开展志愿活动,既丰富了广大群众的文化生活,也提升了农村的精神文明建设,促进了乡村文化振兴。

(三)与时俱进

在戏曲市场低迷的情况下,舞台上出现了张火丁、王珮瑜等新生代京剧名角儿,有着巨大的票房号召力。究其原因,他们遵循了时代法则,做到了与时俱进。张火丁重视优秀传统的传承,同时创新性发展,经受住了艺术和市场的双重考验。"小冬皇"王珮瑜的天赋加后天的刻苦努力,使其具备了扎实的基本功。此外,王珮瑜总是利用新手段(诸如综艺节目、论坛、QQ群、公众号等),不遗余力地宣传普及京剧,帮助人们认识京剧、欣赏京剧、喜欢京剧。她最常说的一句话是,"世界上只有两种人,一种是喜欢京剧的人,一种是还不知道自己喜欢京剧的人"。

原本55折的《牡丹亭》剧情曲折,内容恢宏,演出时间长,在现代戏曲舞台上很少上演。白先勇先生保留原本精华,删减成29折,根据现代审美观,保持昆曲抽象写意特点,遵循以简驭繁的美学传统,利用现代剧场优势特点,将青春版《牡丹亭》呈现在现代观众面前,深受海内外青年观众的欢迎。

戏曲元素可以移植到其他艺术形式之中,打造流行新形式。京歌就是用京剧的唱腔、曲调、程式等特点,融入现代音乐元素来演唱表演的一种文艺形式。京歌适合于表现情深意远、悱恻缠绵的内容。比如,近几年比较流行的"梨花颂""卷珠帘"就是京歌。

综上,传统戏曲有着旺盛的生命力和恒久的艺术魅力,传承和保护的关键是找到适合青年人接受的方式。

二、走向海外

如果从明朝算起,中国戏曲的海外传播已经持续几个世纪了。从历史经验来看,成功的戏曲传播与稳定的社会环境、热爱戏曲的观众、优秀的传播人才、发达的传播手段等都密切相关。

20世纪,梅兰芳访美、访日都获得了巨大成功。访问本来面临戏剧艺术上的困难和文化差异,但是团队在前期宣传和调研基础上做了详细的准备,就演出的剧目、时间等方面都做了细致安排,保证了交流成功。

目前,孔子学院作为一种非政府组织,已经成为推介中国文化的重要载体、重要平台和全球品牌。截至2019年12月,中国已在162个国家(地区)建立550所孔子学院和1172个中小学孔子课堂。地方戏曲是中国文化走出去、开展国际中文教育的重要资源和内容。地方戏曲演出是孔子学院传播中华文化的重要形式和手段,可以帮助外国人建立起对中国文化的认知,也是讲好中国故事的重要途径。如何更好地让国外的人理解戏曲之美,避免看热闹、走过场等问题,还是需要继续研究。

目前,中国戏曲的海外传播有哪些机遇和挑战呢?从机遇来说,国内有稳定的环境,政府对戏曲的扶持保护政策更加完善,中国戏曲人才的培养力度加大,戏曲观众尤其是青年观众有逐渐增加的趋势等,这些都是戏曲对外传播的前提基础。此外,中国与世界各国的良好互动关系是戏曲对外传播的重要外部条件。从挑战来看,对外传播的对象(海外华人和外国人)调研、与海外戏曲剧团的协作、高科技赋能戏曲传播等方面,需要我们做得更细。此外,演员、编创人员、作品创作等方面,都有一些短板需要补足。

综上,地方戏曲要想得到有效的保护,切实解决传承、发展问题,就离不开对地域方言的关注。地方戏曲与地域方言休戚相关。保护好方言生态,培养人们对母语方言的感情,引导人们在维护普通话作为国家通用语的前提下,多使用方言。地域方言生态向利好发展,作为方言文化、地域文化的一个具体表现形式——地方戏曲,才会从根本上得到保护。

学习小结

本章首先介绍地方戏剧的基本情况,重点介绍戏曲与方言关系;其次,引导学生体味戏曲之美,同时重点介绍戏剧与方言的互动;最后,从传承和海外橡笔两个维度思考戏剧的保护传承、发扬光大的问题。

扩展链接:

韩秀梅.昆曲作了黄梅声——对外汉语教学中文化教学内容错位问题初探[J].《云南师范大学学报》.第6期.2006.

宋晨清.跨文化交际在对外汉语教学中的实际应用——从唱京剧学中文说[J].《国际汉语教育(中英文)》.第2期.2017.

关 键 词

地方戏 local opera。

思 考 题

1. 有人说地方戏使用普通话更有利于传播,可以不用方言,你怎么看?
2. 录制或剪辑一段5~8分钟的地方戏视频,并做简要介绍。
3. 地方戏是我们珍贵的文化资源,你认为如何才能更好地保护和传承?

参 考 文 献

1. 陈鸿年.北京风物[M].北京:九州出版社,2016.
2. 陈淑梅,彭意.黄梅戏的语言文化论析[J].《戏剧文学》.第6期.2020.
3. 陈正军.不要轻易讲超越,而要坚持自己的个性[N].2008年11月9日绍兴晚报.
4. 海震.戏曲唱念与方言语音——以声腔剧种流变为观察点[J].国戏研究所公众号.2020.8.16.
5. 韩溪.唐剧音乐创论[M].北京:人民音乐出版社,2004.
6. 廖奔.中国戏曲声腔源流史[M].北京:人民文学出版社,2012.
7. 林一,马萱.中国戏曲的跨文化传播[M].北京:中国传媒大学出版社,2009.
8. 龙升芳.越剧与方言的互生共存[J].《戏剧文学》.第7期.2010.
9. 季国平.方言、声腔与戏曲音乐创作[J].《艺术评论》.第5期.2013.

10.孙燕,郗希.高阳昆曲韵白的音韵学分析[J].《保定学院学报》第5期.2013.

11.孙燕,徐艳.保定老调音韵初探[J].《保定学院学报》第2期.2012.

12.张凯,张跃,唐宋元,邓淘.戏曲鉴赏[M].重庆:西南师范大学出版社,2008.

13.袁行霈.中国文学史(第一卷、第三卷)[M].北京:高等教育出版社,2014.

14.郑荫.《金元戏曲方言考》[D].云南大学硕士学位论文.2012.

15.杨璞.地方戏、地方性、地方音[J].《黄梅戏艺术》.第1期.1992.

16.张卫东.从谚解《老乞大》看北京官话文白异读和京剧"上口字"[J].《中国语文》第4期.2020.

推荐书目:

陈鸿年.北京风物[M].北京:九州出版社,2016.

金受申.评书与戏曲[M].北京:北京出版社,2017.

第六章　地方曲艺之美

本章导读

如果说地方戏曲是一道大菜的话,那么地方曲艺则如一道饭后甜点或下午茶,同样让人感到余香留唇、久久难忘。方言是构成地方曲种个性的基石。方言曲艺是蓄积地方文化的艺术湿地,在其流传的区域内有着无可替代的文化使命和艺术优势。曲艺无论其表现形式还是构成因素,都与中国传统文化有着一脉相承的血缘关系。在方言式微的大背景下,方言曲艺仍具有生命力、艺术魅力和文化价值,需要我们去传承、保护、发扬。

【学前思考】

你知道哪些曲艺形式?

【学习目标】

(1) 了解地方曲艺基本情况。

(2) 体味地方曲艺的魅力、活力。

(3) 以《探清水河》为例,思索如何让传统曲艺更好地走进青年受众。

【学前体验】

西江月·道德三皇五帝

明·杨慎

道德三皇五帝,功名夏后商周。七雄五霸斗春秋。顷刻兴亡过手。青史几行名姓,北邙无数荒丘。前人田地后人收。说甚龙争虎斗。

图 6-1　京韵大鼓(张可心绘制)

第一节 曲艺概述

一、曲艺为何

曲艺是说唱艺术,它历史悠久,源远流长。早在先秦,宫廷俳优的弹唱歌舞、滑稽表演,民间的讲笑话、说故事,都含了一定的曲艺艺术因素。唐代佛教兴盛,盛行向市人讲说小说和向俗众宣讲佛经故事的俗讲,民间曲调和大曲开始流行,使歌唱伎艺、说话伎艺也兴盛起来;宋代,城市经济发达,说唱表演多在勾栏、瓦舍,开始有了专门的场所,出现了职业艺人,诸宫调、鼓子词等演唱形式极其昌盛,此阶段归入"百戏";明清以来,伴随着资本主义萌芽的发展,城市增加,人口增长,受众增加,这一方面促进了说唱艺术的发展,另一方面民间说唱纷纷涌向城市,各种说唱形式交融,产生了新的曲艺形式。比如,散韵相间的词话逐渐演变为南方的弹词和北方的鼓词。目前所见到的曲艺品种,大多为清代至民初曲种的流传。

张维佳、张弛(2017)在整理北京民间曲艺时曾这样界定曲艺,"所谓'曲艺',就是中华民族各种说唱艺术的统称。它是由民间口头文学和歌唱艺术,经过长期发展演变形成的一种独特的艺术形式,以'口语说唱'的形式来叙述故事、塑造人物、表达思想、抒发感情,一定程度上也能反映社会生活、记录历史信息"。这个定义,很好地概括了曲艺。从中我们可以看出曲艺的一些重要艺术特征:一是以说唱为主,比如评书、相声就是以"说"为主,道情、小调就是以"唱"为主,大鼓书则"说唱"兼有。二是"一人多角"。因为是说唱为主,所以往往不需要固定角色进行表演,简单易行,场地要求较低。如此,曲艺的民间性极强,可以走街串巷,受众更广。此外,以说唱为主的特点往往使得同一曲种由于表演者特长有异,又会形成不同的艺术流派。即使属于同一流派,也往往因为表演者的不同而各具特色,这就很容易形成曲坛上百花争艳的景象。

曲艺是统称,包罗万象,按照一个标准很难加以分类。在此,根据其特征介绍分类情况。

牌子曲类:将各种诸如南北小曲的曲牌连串起来,用来抒情、叙事、说理的说唱艺术形式。如福建南音、扬州清曲、山东八角鼓、兰州鼓子、北京单弦牌子曲等。

鼓书类:以鼓为主要伴奏的又说又唱的艺术形式。如京韵大鼓、西河大鼓、北京琴书等。

弦歌类:以弦乐乐器为主要伴奏的又说又唱的艺术形式。如岔曲、单弦等。

走唱类:无固定场所,撂地演出,以唱为主的艺术形式。如二人转、十不闲、莲花落、宁波走书等。

语言类：以传统口头讲说为主要特点的表演艺术形式。如评书、露八分等。

琴书类：以扬琴为主要伴奏的又说又唱的艺术形式。如北京琴书、山东琴书等。

道情类：内容为宣传道教教义的"道歌""道曲"，以说唱兼有、以唱为主的道教的艺术形式。如陕北道情、湖北渔鼓、太康道情、江西道情等。

杂曲类：源于古代小调，吸收当地民歌等艺术形式的说唱艺术。如无锡评曲，绍兴莲花落，福建锦歌、褒歌，广东潮州歌，广西零零落等。

曲艺离不开语言。不同方言区的方言特点都会体现在曲艺之中，加之曲艺的民间性更强，曲艺的地方特色更为浓郁。因此，即使是同一种曲艺，传播到不同地区，也往往形成具有不同特色曲艺特点或是新的曲艺形式。

不同的地区有不同的曲艺形式。下面，让我们了解一下各地代表性曲艺。

北方地区：山东快书、山东琴书、河南坠子、大调曲子、河洛大鼓。

南方地区：苏州评弹、扬州评话、南京白局、扬州清曲、徐州琴书、海安花鼓、淮安十番、地水南音（广东说唱）、凤阳花鼓。

东北地区：二人转、相声、快板书、评书、独角戏。

西北地区：二人台、清涧道情。

京津地区：京韵大鼓、京东大鼓、乐亭大鼓、西河大鼓、梅花大鼓、王家大鼓、单弦子弟书、北京琴书、天津时调、天津快板、数来宝。

二、曲艺和方言

方言是构成地方曲艺独特个性的基石。曲艺以说唱为主，说唱必涉及方言。比如，"杭州小热昏""滑稽戏""杭州评话"等九项杭州曲艺，被列入国家级和省级非物质文化遗产名录。杭州曲艺历史悠久，自宋室南迁后，更是盛极一时，绵延至今。杭州曲艺均以杭州方言为基础进行说唱表演。从历史形成来看，杭州方言是中原地区的官话与杭州当地吴方言融合而成的一种独特的方言，是研究南宋京城方言的活化石。这就形成了杭州曲艺与江浙地区其他吴方言曲艺截然不同的风格。

图6-2 德云社与郭德纲（张可心绘制）

方言是曲艺形成发展的基石，方言流行的地域是曲艺艺术生长发展的沃土。

以杭州曲艺为例,杭州方言中的熟语(歇后语、惯用语、俗语)往往可以帮助塑造人物性格情感,传递出浓郁的乡土感情和地方特色,是方言中最有地方特色、最能反映地方历史文化的部分。据不完全统计,全国范围内保留的曲艺有 300 余种,单北京地区就达 30 种。北京曲艺的特点之一就是京腔京韵。

曲艺的产生和发展过程,与戏曲相似且时有交叉。例如,北京地区的蹦蹦戏受京剧和河北梆子影响,实现了莲花落到戏曲形式的变革。唐山蹦蹦戏在唐山评剧的形成过程中,也起到了重要作用。但是目前由于各种主客观等原因,长期以来对于曲艺的本体及流变情况的研究明显滞后。例如,关于曲艺与方言的关系问题就关注得不多。其实,研究曲艺中的方言,会有助于我们更深入地理解传统文化的各个方面,诸如方言与民俗、方言与历史、方言与移民、方言地理与人文地理、语言接触和文化交流等。它不仅可以帮助厘清各种曲艺的起源、流布和界定等要义,还可以为研究曲艺的形成、发展及传承情况提供重要依据。

曲艺口耳相传,语言具有保守性。因此一些曲艺中可能保留某些历史语音现象。例如,苏州评弹用的语言严格保留着舌尖后擦音和塞擦音,即 zh、ch、sh,而现在苏州市区只有少数老年人方言中才有,因此青年演员首先要掌握这些音。再比如,众所周知,"大鼓产生在北方,其源可追至明代的词话,到明末清初时,在南方衍变为弹词,在北方衍变为以贾凫西为代表的木皮鼓词,入清以后,在冀中一带流行着"。从这段记载中可以看出,各地的方言促成了不同曲种的发生、发展、交流和融合。再如,清末民初,在河北河间一带流行的木板大鼓基础上,刘宝全等人改河间方言为北京语音,吸收京剧唱腔,在木板大鼓基础上增加三弦,创立了京韵大鼓。其他地区的东北大鼓、安徽大鼓、西河大鼓、山东大鼓等的形成、发展也都与此很类似。

此外,研究曲艺和方言的关系,还要注意到方言与观众的关系。例如京韵大鼓《大西厢》的故事人物早已家喻户晓,但是从唱词来看,一改王实甫的典雅风格,崔莺莺完全成了一位北方妇女形象,唱词中的"大姑奶奶""咱们娘儿们"等词语,可以证明方言词汇土语的塑造力、表现力。再如,相声是语言的艺术,自清代中叶以来流传广泛,深受群众喜爱。相声最早虽产生于北京,但流传到其他地区后,产生了不同的方言相声。更值得注意的是,很多相声作品中都会涉及方言内容。例如,相声《普通话与方言》中,侯先生和捧哏演员用风趣幽默的语言形式对各地方言进行了比较,如普通话说"看",北京话是"瞜",沧州话是"瞅"。再如相声《戏剧与方言》的垫话部分,侯先生就分别用老北京话、精练的北京话、山东话、上海话、河南话演绎了一天晚上两个街坊的对话,妙趣横生。虽然这两部作品的主题是宣传推广普通话,但还是让观众领略了各地方言的独特韵味。"倒口"是相声的重要艺术手段,模仿不同的方言,可以塑造人物、传情达意。

第二节　姑娘叫大莲

一、曲艺欣赏

(一) 南音

南音,也叫南曲,属于牌子曲类曲艺形式,历史悠久,被称为"中国音乐史上的活化石"。南音主要的伴奏乐器有琵琶、洞箫、二弦、三弦、拍板等。发源于福建泉州,用闽南话演唱,流行于福建省的泉州、厦门、漳州,香港特别行政区,台湾省,以及海外的新加坡、马来西亚、印度尼西亚等地。2006年,被列入第一批国家级非物质文化遗产名录;2009年,被列入人类非物质文化遗产代表作名录。

南音产生于何时,已无从考证。有人认为,南音起源于唐代,形成在宋代,发展于明清两代。南音以唱的形式讲述故事,伴奏以丝竹箫弦为主,这些都保留了很多唐宋时期的传统特色。曲词内容多为故事,如历史故事、民间故事、劝世故事等,也有小说,如传奇小说。代表作品有《陈三五娘》《西厢记》《胭脂记》《北国风光》等。主要传承人有黄淑英、吴彦造等。下面,我们欣赏一下《辗转三思》片段。

五空管·六空起

【北相思】

辗转三思深懊恨,许唐王忘阮恩爱,忘除阮恩爱,你真个是莽男儿,怎晓得红妆意,你怎晓得阮红妆意。自古道是光阴易过青春岂有再来时,想阮红颜能有几,你误阮多少佳期,你误阮多少佳期。早知今日守孤单,悔当初,悔却许当初误入宫闱里,含情说怎知,含情说怎知,若要我门怀开,酒可除,只搅我春思百结果,忧愁何人所知,禄山你底去,安禄山你底去?追想当初我厚待你,谁知你一旦忘我思义,此等负心,此等障负心,自有天鉴知,而今我埋怨谁,到而今我埋怨谁,自恨生来我不逢时,名花憔悴,天不早赐甘雨,名花障憔悴,苍天何不早赐甘雨淋漓。

——摘自高苹的《曲艺之美》

此段唱词出自南音的传统曲目《马践杨妃》,讲述的是安史之乱时,唐玄宗在西逃路上赐死杨贵妃的事情。

图 6-3 南音（张可心绘制）

（二）京韵大鼓

京韵大鼓，属于鼓词类曲艺，形成于京津，流行于华北、东北地区，由流行于河北省沧州、河间一带的木板大鼓发展而来。在形成过程中，吸收子弟书、马头调、石韵书和京剧的一些特点，并改用北京话演唱，在三弦伴奏的基础上，增加了四胡和琵琶。京韵大鼓在北方说唱曲艺中成就较高，涌现出了以刘宝全、张小轩、白云鹏为代表的的三大流派。代表作有《单刀会》《白帝城》等三国故事，以及《黛玉悲秋》《祭晴雯》等红楼故事。新中国成立后的代表人物有骆玉笙、孙书筠等。2008 年，京韵大鼓被列入第二批国家级非物质文化遗产名录。下面请欣赏《迎春曲》。

梅花怒放迎东风

飘飘白雪舞长空

万里神州春来早

新燕南来唱声声

唤醒了江河唤醒了山岭

唤醒了大地唤醒了天空

沉睡的万物都苏醒

寒冬已待更生

且看那万里春风吹过处

江河碧山川清

林木秀百鸟鸣

好一派蓬蓬勃勃迷人景

群芳斗艳万紫千红

群芳斗艳万紫千红

（三）苏州弹词

苏州弹词，也称"小书"，发源于江苏苏州，清中期已经盛行，流行于江浙沪地区一带，属于说唱相间、以说为主的艺术形式。说唱时以琵琶、三弦为主要乐器，演员自唱自弹,说白使用通俗苏州方言,唱词多为七字韵文,形成雅俗相间的风格。演出形式主要有单档(演员一人)、双档(演员两人)、三档(演员三人)。苏州弹词流派纷呈,诸如马调、徐调、祁调等。代表作众多,如《描金凤》《珍珠塔》《玉蜻蜓》《宫怨》《我为人民守海岛》等。2006年,苏州弹词被列入第一批国家级非物质文化遗产名录。

苏州评弹:盛小云弹词开篇《啼笑姻缘·遇凤》。

那个年轻人,那么英俊,那么潇洒,那么大方。

(四)陕北道情

道情,又称"竹琴""渔鼓",属于道情类曲艺,在湖南、湖北、江苏、四川等地都有流传,一般用各地方言。道情是宣传道教教义的"道歌""道曲",由游方道士或道情艺人在各地演唱。

陕北道情源于唐代道教教徒诵经的经韵,明清时期发展定型,流传于清涧、延川以北的陕北各地。陕北道情分为两支:东路道情(也被称为新调)和西路道情(也被称为老调)。陕西道情以民族唱法为主,演唱时多用延长音,二者风格略有不同,但是唱腔曲牌大致相同,节奏明快、曲调优美。表演以唱为主、说白为辅,多为一人或二人说唱,使用陕北方言,伴奏时的主要乐器是三弦、四胡、渔鼓、简板梆子、木鱼等,地方特色鲜明。代表曲目有《牡丹亭》《闹书馆》《十万金》《湘子出家》《刘秀走南阳》等。传承人有白明理、白根升、惠智勇等。2008年,被列入第二批国家级非物质文化遗产名录。

(五)北京评书

评书,属于语言类曲艺,在全国流行,分为南北两区,各地均用各地方言演出。南方多称作评话、评词,广东粤方言区叫讲古。北方一般称为评书。北京评书是北方评书的重要代表,形成于北京,盛行于华北东北地区,使用北京话。具体到表演形式,早期一人身着传统长衫,坐于桌后,以折扇和醒木为道具。新中国成立后,演员衣着不限于长衫,多站立表演。在语言运用上,一般以第三人称为主展开叙述,形成了一套表演程序:先念一段"定场诗",或说段小故事,然后进入正式表演。正式表演时,以叙述故事并讲评故事中的人情事理为主。为吸引观众,多在故事说演时使用"关子"和"扣子"。结构环环相扣,引入入胜。主要传承人及代表作有连丽如的《三国演义》、袁阔成的《五女七贞》等。2008年,被列入第二批国家级非物质文化遗产名录。

袁阔成先生倡导新书,不舍旧书,语言幽默生动,塑造的人物鲜明,形成了"漂、俏、快、脆"的艺术特色。连丽如先生,嗓音洪亮,成就斐然,是把评书艺术推广到国外的第一人。

(六)天津时调

天津时调,属于时调小曲类曲艺形式,清末民初在明清时调小曲基础上发展而来,融合了天津本地流行和外地传入的民歌的一些特点,形成于天津。时调多为七字句,全篇一般五六十句,分长短句相间,使用天津方言。表演时,一般为一人站立演唱,多用"靠山调",伴奏主要是大三弦和四胡,后又增加了大阮、扬琴等。代表人物为王毓宝,代表曲目是《放风筝》《翻江倒海》《拷红》等。2006年,被列入第一批国家级非物质文化遗产名录。

《放风筝》节选

春风一刮过了冬,
姐妹三人放风筝,
风筝筝举起绳儿一松,
顺风飘到半悬空。
大姐放的大花篮,
(数)花篮样子好,做的精,
五彩穗子配着响铃,
篮里头的花儿满满腾腾,
梨花、碧桃、一枝红杏,
牡丹、芍药、石榴红,
雪白玉簪棒,碧绿万年青,
荷花、金菊,还有芙蓉,
花花朵朵万紫千红,
三妹叫好,差一点儿跑了风筝。

这首时调描写了春天姐妹们放风筝的情景。节选部分将风筝的样式描写得细致入微、惟妙惟肖,让人感到如在眼前、兴趣盎然。

二、曲艺的恒久之美

曲艺有着漫长的形成过程,反映着各种艺术形式的交汇和融合。曲艺的形成时代可能离我们很远,但是蕴含在曲艺中的艺术气息,依旧闪耀着恒久之光,体现了艺术的永恒魅力。

(一)凝固的人文之美

曲艺是依托方言作的,也体现着方言精髓。曲艺中的方言价值既体现在曲艺的唱词中,也体现在唱腔中。曲艺作为非物质文化遗产的语言价值,对于保护当地方言以及方言文化乃至保护文化多样性,都具有重大意义。方言本身就有着自然的音乐性,每个字词都有其基本的韵律,这是曲艺形成发展唱腔旋律的基础,加上音乐的旋律性,往往发展成具有地域特色的唱腔。曲艺也因此显示出独具一格的语言魅力。例如,湖南常德丝弦中的唱词采用的是常德方言,其中13道大辙、2道

"儿化韵"小辙是方言特色。常德丝弦就是常德方言及常德地方文化的一个缩影。某种程度上说,保留丝弦,也就意味着常德方言及常德文化的留存。

取材于名著、书本、民间传说的曲艺作品往往反映了一种思想境界和文化水平。常德丝弦中的《宝玉哭灵》,九澧渔鼓的《书剑恩仇录》和《射雕英雄传》,益阳弹词的《柳兴救难》,湘西三棒鼓的《孔雀东南飞》,等等,这些作品都极大地丰富了人们的文化生活,具有很高的人文精神价值。

还有部分曲艺作品有着教化民众的作用。比如,太平歌词的《劝人方》、数来宝的《大实话》、梅花大鼓的《目连救母》等,这些作品在潜移默化中向听众弘扬了优秀的礼仪文化和道德风尚。

此外,曲艺表演具有美感,会给人带来一定的听觉、视觉享受。曲艺作为一项艺术,其审美艺术价值表现在唱词、曲调、唱腔、造型上。

(二)曲艺的时代绽放

只要深入挖掘和提炼优秀传统曲艺中的有益思想和艺术价值,并注入新的时代精神和创作元素,传统曲艺的审美价值仍会被当下的观众接受,《探清水河》的流变就很好地说明了曲艺的恒久魅力。

《探清水河》本是将发生在北京的故事改编而成的小曲,清末民初就开始流传。新中国成立前的老艺人也演出过,新版电影《智取威虎山》中也有片段,这些都足以表明《探清水河》流传较广。作为传统小曲,郭德纲曾改编并表演过,但是一直不温不火;直到张云雷演绎之后,才迅速火爆。

《探清水河》的故事发生在清末民初的北京火器营,是关于大莲姑娘和六哥哥的爱情悲剧。尽管版本不一,但是德云社的改编和演绎一直定位于此。具体歌词如下:

> 桃叶儿尖上尖
>
> 柳叶儿就遮满了天
>
> 在其位的这个明哎公
>
> 细听我来言呐
>
> 此事哎
>
> 出在了京西蓝靛厂啊
>
> 靛厂火器营儿
>
> 有一个松老三
>
> 提起那松老三
>
> 两口子落平川
>
> 一辈子无有儿
>
> 所生个女儿婵娟呐
>
> 小妞哎

年方一十六

取了个乳名儿

姑娘叫大莲

姑娘叫大莲

俊俏好容颜

此鲜花无人采

琵琶断弦无人弹呐

奴好比貂蝉思吕布

又好比阎婆惜

坐楼想张三

太阳落下山

秋虫儿闹声喧

日思夜想的六（辫儿）哥哥

来到了我的门前呐

约下了今晚这三更来相会

大莲我羞答答低头无话言呐

五更天大明

爹娘他知道细情

廉耻这个丫头哎

败坏了我的门庭啊

今日里一定要将你打呀

我定打不容情

大莲无话说

被逼就跳了河

惊动了六哥哥

来探清水河呀

情人哎

你死都是为了我

大莲妹妹慢点走

等等六哥哥

秋雨下连绵

霜降那清水河

好一对多情的人

双双就跳了河呀

痴情的女子这多情的汉

编成了小曲儿来探清水河
编成了小曲儿来探清水河

图 6-4　张云雷（张可心绘制）

张云雷演绎的《探清水河》受人追捧的原因很多，比如使用吉他伴奏，融入了现代音乐元素，新唱腔清新脱俗，形成了悠扬清澈的风格。加上身穿大褂，颇有民国风，收获了粉丝无数，大获成功。《探清水河》的火爆，可以说是这个时代相声艺术的另一种表达形式，而背后的艺术魅力是让小曲本身受欢迎的根本所在。传统曲艺具有恒久的艺术魅力，但需要我们探索更多年轻人易于接受的方式，让传统曲艺在这个时代绽放。

第三节　朴实之美

曲艺种类多样，涉及面广，反映着平常人的喜怒哀乐，与人们生活最为密切，与民众形成最直接的朴实关系。文艺工作者也通过曲艺表达着这份朴实之情，曲艺作品中也处处洋溢着朴实之美。

一、最直接的表达

（一）新曲艺的时代力量

新曲艺，指的是五四新文化运动以来，尤其是中国共产党诞生以后，传统民间说唱艺术在逐渐摆脱了自然状态、走向艺术自觉的革命斗争与艺术实践过程中，形成的充分革命精神的成熟艺术形式。新曲艺是在中国共产党的领导下，在革命战斗过程中表达救亡图存、英勇斗争的斗争说唱艺术。新曲艺反映了民众的意愿，鼓舞了民众的战斗精神，代表作品有《送郎参军》。

图 6-5　根据曲湘建油画《送郎参军》绘制
原画发表在 2015 年 7 月 8 日《光明日报》12 版(张可心绘)

(二)铿锵的爱国之情

曲艺直接反映现实。爱国是曲艺作品中极为重要的主题,尤其是新中国成立后的曲艺作品,曲艺家经历过时代的变迁,对党和国家充满了热爱之情。众多作品中,京韵大鼓的《重整河山待后生》影响极大。《重整河山待后生》是根据老舍先生的《四世同堂》改编的同名电视剧片头曲。《四世同堂》故事发生在八年全面抗战的北京,揭露了日本侵略者的血腥行径和汉奸的下流嘴脸,描述了中国人所遭受的灾难以及在觉醒后的顽强不屈、不怕牺牲的斗争精神。骆玉笙先生京腔京韵的演唱苍凉悲壮,完美诠释了电视剧所要表达的坚强不屈、大义凛然的悲壮音乐情绪。下面,我们一起欣赏这首《重整河山待后生》。唱词如下:

> 千里刀光影,仇恨燃九城。
> 月圆之夜人不归,花香之地无和平。
> 一腔无声血,万缕慈母情。
> 为雪国耻身先去,重整河山待后生!

(三)饱满的忠义之情

岳飞,是忠孝的化身,因此也是曲艺作品中经常表现的人物。1979 年,著名评书表演艺术家刘兰芳演播评书《岳飞传》,备受欢迎,轰动一时,影响全国,波及海外。人们一方面为刘先生的演播风格折服,另一方面为岳飞的忠孝精神感动。广大听众在艺术享受之中,也接受了一次传统忠孝精神的洗礼。评书《岳飞传》已经成为一代人的回忆。

二、最直接的保护

曲艺是民众情感最直接的表达,民众一定会给予曲艺最直接的保护。下面以案例的形式,介绍人们针对曲艺式微的形势所采取的保护措施。

(1)提供依法保护的依据

曲艺属于非物质文化遗产的重要组成部分。2011年2月25日,中华人民共和国第十一届全国人民代表大会常务委员会第十九次会议通过公布的《中华人民共和国非物质文化遗产法》,为更好地保护、继承、弘扬曲艺文化,提供了坚强的法律保护。此法自2011年6月1日起施行。施行以来,我国非物质文化遗产保护理念深入人心,保护工作的队伍不断壮大,传承的各类实践活动日益活跃。

(2)开始活态保护的尝试

活态保护行动之一就是闽南文化生态保护区的设立。2007年6月,闽南文化生态保护实验区经文化部批准设立,这是我国第一个国家级文化生态保护实验区,力求实现文化遗产的动态性、整体性、活化的保护。这对闽南地区的非物质文化遗产,尤其是曲艺,无疑是一个利好的保护方案。其中,自2006年首批的30个实验区示范点、示范园区公布以来,有很多闽南曲艺被纳入示范点,如南音、高甲戏、梨园戏、提线木偶戏、布袋木偶戏、歌仔戏、锦歌褒歌等。

很多有识之士认识到,只保护曲艺,而不保护曲艺载体的方言,这种保护是短暂的。如列入国家级"人类口头与非物质遗产代表作"名录的温州鼓词流传于温州地区,以瑞安城关方言为标准。目前温州话使用范围不断缩小,如果不重视瑞安城关方言使用情况,那么在可见的二三十年后,温州鼓词将会变成听不懂的曲艺。

上海曲艺界也意识到同样的问题。因此由上海曲协和黄浦区图书馆主办的"名家谈曲艺"系列讲座中,"传承上海历史文脉必须重视保护上海方言"的主题讲座成为重要内容,主讲人讲述说上海话的意义、原因,呼吁大家尤其是小朋友要从小学习上海话,以利于上海曲艺乃至上海文化的保护与传承。

(3)借助科技市场的力量

新兴的传播媒介和传播方式带来新型的观演模式。3D、VR等融合了视听元素的新兴技术,可以提高观看愉悦感、兴趣性,进而加深观众对曲艺的印象,提高年轻网络用户主动接触和学习曲艺文化的积极性。此外,5G时代促进了自媒体的发展,网络短视频、直播技术的发展,人们开始使用自媒体传播方言和方言曲艺,引起了网民的关注。如河南姬派莲花落第32代传人姬银龙,通过网络短视频平台开通直播,每次直播间粉丝观看数多达40万,粘连起了莲花落和粉丝,推广了姬派莲花落。目前来看,网络时代似乎为曲艺注入了新的活力,有着不错的反响。但是如果想要走得更远,还有待探讨。

苏州评弹,虽然建有培养评弹艺术表演人才的专门学校,但仍是一个重要问题。有人认为,要想发展好苏州评弹,除了遵循艺术规律外,还要尊重市场规律,重建竞争机制,实行优劳优酬,引进第三方评估,引入有效管理,开辟演出新阵地,从而实现"出人出书走正路"的正确方向。

近几年,曲艺界出现了很多新兴力量,诸如德云社和嘻哈包袱铺等,极大推动了曲艺的发展。成功的重要因素在于一方面继承传统曲艺精粹,同时重视出新,注重学习借鉴新兴流行文化的部分特性,另一方面在于走市场化路线,接受市场和观众的检验、选择。"德云社"是以弘扬中华民族文化、培养曲艺人才、服务大众为主旨的曲艺演出团体。嘻哈包袱铺则更是第一家进行融资的相声团体。这种市场化的探索是可贵的,为曲艺发展注入了新的推动力。

学习小结

本章首先介绍地方曲艺的基本情况,帮助学生了解曲艺现状;其次,通过展示各类曲艺视频,帮助学生理解地方曲艺和方言的关系,进一步感悟曲艺的艺术魅力和朴实之美;最后,思考如何保护传承曲艺传统。本章要注意引导学生进行有效的曲艺欣赏,以便通过最直观的方式理解曲艺之美。

扩展链接:

石佩雯,李明.全三声的使用和语调对第三声的影响[J],第二届国际汉语教学讨论会论文选.1987.

赵丽妍.对外汉语文化教学中的相声教学——以摩洛哥哈桑二世大学孔子学院为例[D],上海外国语大学硕士学位论文.2019.

关键词语

地方曲艺 local folk art forms。

思考题

1. 你如何看待德云社或嘻哈包袱铺?
2. 你认为走向市场可以帮助曲艺走向复兴吗?
3. 录制或剪辑一段 5~8 分钟的曲艺视频,并做简要介绍。

参考文献

1. 别闽生.略谈曲艺作品中的方言与中国传统文化[J].2010(04).

2.高苹.曲艺之美[M].贵阳:贵州出版集团,2017.

3.徐佳慧.浅谈传统曲艺文化在网络时代的创新与发展[J].2020(22).

4.张维佳,张弛.京韵流芳——北京民间曲艺选介[M].北京:商务印书馆,2017.

推荐书目:

蔡源莉,吴文科.中国曲艺史[M].北京:文化艺术出版社,1998.

薛宝琨.中国曲艺艺术概论[M].北京:高等教育出版社,2018.

第七章　方言女书之美

本章导读

　　江永女书,属于汉语方言的音节文字,是迄今为止世界上发现的唯一的女性专用文字,也是一种重要的文化遗产。女书作品记载了千锤百炼的思考与情动于衷的心绪,让逝去的灵魂有了永恒的旋律。同时妇女常常聚在一起,一边做女红,一边唱读、传授女书,这种唱习女书的活动被称作"读纸""读帕""读扇",形成了一种别具地方特色的女书文化和习俗。

　　江永女书,作为文字、作品、文化习俗,具有独特的艺术审美价值和魅力。作为当地重要的文化资源,近年来,有关部门开发女书资源,给本地人民带来商机与财富的同时,也使得原生态女书文化遗产大量流失。因此,保护与传承女书文化,让女书之美长久存在下去,是值得我们思考的问题。

【学前思考】

　　物分阴阳,地分南北,人分男女,自然之理。你听过字还分男女吗?为什么会出现"女书"呢?

【学习目标】

(1)了解女书的基本概况。

(2)领会女书的独特价值、魅力。

(3)思考当下女书的传承及恢复活力的原因。

【学前体验】

　　古人云:出口为语,下笔成文。然而,不同于声音的转瞬即逝,文字却可借由书写的介质长久保存。利用文字,人们不仅记下了一时一刻的声音和话语,也记载了千锤百炼的思考与情动于衷的心绪,让逝去的灵魂有了永恒的旋律。

——清华大学　赵丽明教授

第一节 何为女书

一、女书概述

什么是"女书"？女书,最直观的表现就是"女字",是世界上独一无二的女性文字符号体系。女书是在湖南省江永县及其毗邻的道县、江华瑶族自治县的大瑶山和广西部分地区仅在妇女之间流行、传承的神秘文字。在千百年来的历史长河中,女书依靠母女相传、老少相授,一代代传到今天。因首先在江永地区发现,于是以江永女书闻名于世。

截至目前,最早发现的女书文字在太平天国发行的"雕母钱"上。20世纪80年代开始,宫哲兵、赵丽明、曹志耘、远藤织枝等海内外专家学者先后到江永调查,使得江永女书逐渐为世人所知。女书字形特点是呈现长菱形,字体秀丽娟细,造型比较奇特,一般右上高而左下低,也被称为"蚊形字"。女书是一种标音文字,每一个字代表一个音。目前搜集到的原创字符有700~1000个,也有人说字符有近2000个,所有字符由点、竖、斜、弧四种笔画构成。在江永,所有人说一种当地的汉语方言土话,所不同的是,男人用方块汉字,女人用女字。男人写男文,读男书;女人写女字,读女书。女书也可采用当地方言咏唱或吟诵。也就是说,男女交流无碍,但是男女记录方言的文字不同。女书字的字形虽然参考汉字,但二者并没有必然的关系。由于女书用来书写,字形也会因为书写材料的不同而有所弯折。

作为记录当地方言的文字的女书,日常书写在纸、扇、巾、帕、书等上面,多是七言诗体唱本。女书内容十分广泛,多涉及妇女的社会交往、婚姻家庭、歌谣谜语等,记录了女性生活的点点滴滴,内容多为诉苦,可以看作一种自娱自乐的苦情文学,呈现了过去江永女性的形象。除了日常用作书写以外,女书常作为花纹编在衣服或布带上。这些带有女书文字的作品,也会被人称为女书。

女书是一种独特的文化现象,信息含量丰富,涉及面广,属于农耕文化中"女织"的文化瑰宝。江永妇女唱读研习女书,是公开的"唱纸唱扇"(也称为"读纸""读扇"或"读帕")活动。因此常常聚在一起,边做女红边唱读传授。此外,很多重要场合也需要唱读女书,比如结拜姊妹、婚嫁仪式、节庆活动等,久而久之,相沿成习,形成了当地的女书文化和习俗。

学者彭兰玉(2011)曾对女书的内涵做过很好的总结。她认为,现在的"女书"含义比较丰富,有时指的是字或字的系统,如"据说花仙认识女书""女书是表音节的文字";有时指的是用女书写作的歌行体作品,如"女书文体几乎都是七言诗";有时指的是唱腔,如"河渊的妇女都会唱女书""唱女书调";有时指的是用女书写成的书信,如"先写女书表示结交愿望,托人交给对方"。我们认为,还应加上女书也指一种文化习俗,只不过现在女书的自然传承中断,这种相沿成习的习俗不复再现了。

江永女书随着学界的发现、整理而逐渐引起了各级政府的重视。永州政府积极实施抢救和保护女书文化工程,建立女书文化村,兴建女书博物馆,开发女书工艺品,积极发展女书文化产业。2002年,女书被列入中国档案文献遗产名录;2005年,女书收入《世界吉尼斯记录大全》;2006年,女书习俗列入中国非物质文化遗产名录。

二、女书的产生与价值

1. 女书的起源

关于女书的来历,江永当地流传着几种传说。但是或者无从可考,或是与史不符,多不可信。学界普遍认同的观点,女书产生于清代中期。清代道光八年(公元1828)《永州府志》载花山庙时曰:"每岁五月,士女多赛祠焉。"以女性香客为主的花山庙庙会以及歌扇上写有的女书文字,极有可能是女书产生的最早文字记载。曹志耘、赵丽明(2004)提出结合语音现象,还可以利用一些词汇、语法方面的线索,综合分析最终可能得出一个比较可信的女书产生时间。目前,女书的起源和产生时间还有很多谜团需要破解。

虽然女书起源还需要继续讨论,但是无可否认的是,女书的产生与江永的历史地理、人文环境、独特风俗有关。江永地处湘贵粤边区,偏僻封闭,加之地势险要,历来是兵家必争之地,同时又是楚文化和古越文化的结合部,也是汉族和瑶族的杂居融合之地。在这样的自然、人文环境下,江永妇女们有自己专门的节日和风俗,比如农历四月初八"斗牛节"、农历五月"过庙节"和七月初七"乞巧节"以及结拜姊妹、闹歌堂、坐歌堂、吵歌堂等风俗等。

2. 作品分类

目前现存的用女书创作的作品达数十万字,多是妇女自己生活的记录和相互交往的信件,七言诗体为主,写在手抄本、扇面、布帕等上。很多女书作品统一装订,还可作为礼品。在谢志民先生主编的《江永女书之谜》一书中收集了采集于民间的女书原作,按文体的不同将其分为十大类,其中书信占70%,其余为哭嫁歌、柬帖、歌谣、儿歌、唱本、谜语、叙事诗、祷神诗等。下面简要介绍(摘自骆晓戈,2011)。

谜语类:以日常事务为对象,抓住特征,设置谜面。

人不像人,鬼不像鬼,脖头担水。

——《泡菜坛》(高银先抄存)

白地起屋不要梁,堂兄堂弟不要娘,大官大府亦做过,海虾墨鱼不得尝。

——《木偶戏》

二月社前去,八月社后归,手把清凉伞,子子孙孙引起归。

——《芋头》

天上飞婆奶奶,飞下来,四角落地是圆。

——《蝙蝠》(又名飞鼠鸟)

春天不下种,四季不开花,一时结雪豆,一时结西瓜。

——《月亮》

高山翻竹尾,平地走江湖,将军抓不到,皇帝奈不何。

——《风》

叙事诗《楚崽望妻》(谢燮):

楚崽听闻社的到,偷身跨出书房门。站上城墙城斗上,看见妻子好颜容。看见妻子美貌好,十二时辰挂在心;上梳一个元宝髻,下梳鸡身八寸长,手上拿条花帕子,脑上戴个插花扬,绣花边子来配色,着又着在呢背心。

哭嫁歌《妹哭别姊娘》:

石山头上起色日,石山脚下起乘竿。起起乘竿摊大绿,起起乘竿摊大红。深红深绿道州色,浅红浅绿永明街。我亲会请南京匠,阔裁衣袖窄裁身。阔裁衣袖着戒子,窄裁衣身着金银。禾猪过路禾猪响,妹娘过路金银声。

3. 女书的社会价值

女书的使用多与精神寄托或情感宣泄有关,所以有人也称之为苦情文学。女书的价值主要体现在如下方面。

首先,女书具有书法价值和艺术装饰价值。女书字形外观呈长菱形斜体,造型奇特,字体秀丽,古意盎然。在当下,具有艺术设计、工业设计的价值,可以增强作品的艺术内涵。

其次,女书具有史料价值和研究价值。女书作品的内容涉及面广泛,几乎涉及女性生老病死的所有场合和风俗。这些是对当地妇女社会地位和整体形象的真实写照,为研究当地历史文化提供了宝贵的资料。

最后,女书具有较强的女性文化价值。女书是江永女性之字,是女性表达自我心声和情感交流的独有工具。女书标志着女性意识的觉醒和女性身份的建立。女书的传承者在当地被称为"君子女",这既代表着对知识女性的尊重,也代表着对自立自强女性的尊敬。

4. 女书与方言

女书是一种自然状态下的文化存在,其表现方式主要是写、读、唱。女书的字形与汉字、字音与当地汉语方言土话,都有复杂的关系。

女书是单音节音符字、表音文字。也就是说,女书的一个字符所代表的读音是一个音节,而不是比音节小或比音节大的语音单位,因此女书是表音节的,是不严格的音节文字。女书字数量比汉字少,也能很好地说明女书的音节文字的本质。

女书基本字数一般为 300 多个,要用 300 多个基本字来表示可以区分声调的 1400 多个音节,字数明显少于音节数。即使不计声调,字数与音节数之间也多有参差。可见,女书不是标准的音节文字。不过,这也说明女书用字很宽容,重视的是表音功能。

女书字少音节少,形成了一字多音的现象,比如有一字一音节的,也有一字二音节的,还有一字三音节的。在一字多音的情况下,有的是声母、韵母相同而声调不同,有的是声母、声调相同而韵母不同,有的是韵母、声调相同而声母不同,但是基本不影响正常表达。

女书是记录江永方言的,且仅记录江永方言,是在汉字体系之外存在的。因此,可以说女书是唯一的一种方言文字。

第二节　美者颜如玉

一、女书的识读

女书字形呈现长菱形,具有独特的艺术审美。下面以摘自曹志耘、赵丽明(2004)的《三朝书》为例,加以欣赏。

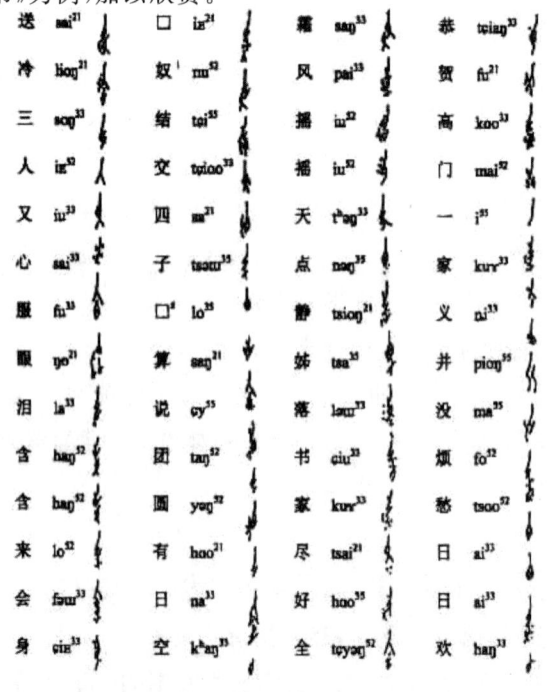

图 7-1　《三朝书》女书字形(摘自曹志耘、赵丽明《从方言看女书》)

女书每个字就像一幅画,结构上呈现斜菱形,但是倾斜而不失平衡,字迹有小篆的风格,又兼甲骨文的特点,刚柔并济,具有独特的艺术审美价值。女书书写款式是行文自上而下,从右向左书写,上下留白,不使用标点。

二、吟唱之美

女书的重要作用在于书写女歌。但是各地女书使用者吟唱女歌时,不使用自己所在村庄的方言语音,反而是用江永城关的方言语音。彭兰玉(2010)在研究中发现了很多女书作品是为吟唱而作,这就形成了吟唱的特定歌调,也为女书的创作提出了要求。下面简要阐释这种要求的具体体现。

声律方面,遵循长短音相间的规律,即出句长音起、短音收,对句短音起、长音收,又多运用拗救的处理方式。由于表达细致情感的需要,需要有诵读音和中间音的出现,如六言体中用加长音来填补音空,平声也促进了字音的拉长。

在节律方言,女书吟诵的基本节律为"2-2-2-1"的格式,字数少于七字的,会通过加长音来补齐音步,比如六字句,节律为"2-1-2-1"。字数多于七字的,会通过两个以上的字,构成一个音步单元,出现"3-1-2-1"的格式。此外,在"两句一回环"规则的基础上,第二句的前两个字会紧接着上句,在此稍做停顿后,再继续吟诵下面的句子。

在韵律方面,吟诵女书使用的是江永"土话",与汉语诗词吟诵的基本规律一致,押平声韵。女书吟诵有偶句押韵,也有首句入韵,有同一韵脚、一韵到底,也有换韵现象。由于受女书创作者文化程度的限制,重韵现象及不严格押同一韵部的现象也较为常见。女书吟诵基本原则上"依字行腔",一句之中平仄相间,句与句之间又有"粘""对",更富有粗犷和原生态的特点。

分析女书歌曲应该从女书本身的字调和语调以及唱词的实用性、社会性和整体表述意义来理解它的旋律。廖宁杰曾以女书"坐歌堂"为例介绍。我们在此做简要摘录。

"坐歌堂"歌曲部分以七言体为主,少有一些五言体,歌词相对规整,具有鲜明的节奏感。它的歌词有以下特点:

(1)押尾韵,"坐歌堂"每一句歌词的结尾押韵。使用当地方言土语来吟唱,韵律十足,节奏感强,朗朗上口。

(2)使用了比喻、夸张和借代的手法。比如《十比歌》:"一比天上娥眉月,二比狮子抢绣球。三比三星三结义,四比童子拜观音……"就运用了比喻的手法,描述了姑娘们的心灵手巧,抒情生动活泼,叙事简明流畅,描绘有声有色,充满欢快天真,富有童趣。

"坐歌堂"中的歌曲旋律主要有两类:一类是具有上行与下行的旋律特征的"吟诵",也称之为"读扇""读纸",旋律简单,节奏平稳,类似朗读。其旋律运动轨迹为一直上行,到达顶点后没有进行迂回,然后直接进入下行,直线下降到旋律需要的落音上,音程的起伏基本在一个八度以内。另一类,则称为"高音歌"或者"长调",即民歌部分,节奏富于变化,旋律起伏波动较大。其旋律基本都是水平式的旋律线加上小三度音程的向上跳进,构成了较为典型的特色旋律特征,旋律具有当地民歌的风格。

三、别样"女书"

东山歌册是闽南东山岛的女性说唱曲艺,几乎都是媪妇演唱,可以认为是"只能唱的女书"。歌册显著特点之一是用闽南方言清唱,无须伴奏。歌册由旧弹词演变而来,唱腔流畅,唱词古雅,押韵协调,或独自哼唱,或围聚坐唱,或沿街走唱,或登台演唱因果报应的诗或歌文。2006年,被列入国家级首批非物质文化遗产名录。妇女旧时社会地位低下,大都无缘读书。因此,她们常把歌册当作速成课本、启蒙读物,在听唱歌册的过程中识字明理。辛亥革命以后,宣扬爱国主义、反对封建礼教束缚、歌颂清官成为歌册主题。

潮州歌册也具备"女书"的别称。一是潮州歌册属于俚俗文学,使用了妇女听得懂的俚俗乡语,因此广受劳动妇女欢迎。二是早时潮汕妇女能上学堂的很少,很多见识(如道德规范、为人处世、是非原则、善恶观念等)都是从歌册里学来的。潮州歌册歌文用潮汕方言(也属于闽南方言)编写,流行于潮汕方言区,取材十分广泛,包括民间故事、历史故事、古代小说、各种戏剧、神话传说等。

无论是东山歌册还是潮州歌册,都是古代女性为了追求知识、进步的表现。从她们身上,我们看到了先辈们坚韧自强的品质。

第三节 时 代 之 美

一、社会各界的努力

学术界在20世纪80年代发现了已经处于濒危境地的江永女书,并从学术上展开了抢救性研究。学者们深入江永,从语言学、文化学、人类学等多学科角度加以记录、解释这一奇特的女性文字文化现象,解决了很多有关女书的学术问题。由于女书是江永地区独特的历史人文的产物,随着女书及其社会功能的结束,原来的生存生态环境发生了变化,人们无法改变女书消失的命运。随着高银仙、阳焕宜等最后一批女书老人的去世,女书的自然传承已经不复存在。

为了更好地保护研究女书,中南民族大学率先成立了"女书文化研究中心"。2001年5月,中南民族大学召开"中国女书文化抢救工程"座谈会暨全国女书学术研讨会，会上拟定了"中国女书文化抢救工程"的计划。抢救工程包括编撰出版中国女书文化研究资料丛书、创建女书展览馆或博物馆、召开首届中国女书文化国际学术研讨会、开发女书文化旅游业四个方面。此后，更多学者、高校投入女书的抢救保护及研究工作之中。如武汉大学成立了"中国女书文化研究中心"、湖南科技学院成立了"女书暨瑶文化研究所"、湖南女子学院成立了"女书文化研究所"。

学界的呼吁得到了各级政府的高度重视。永州政府积极实施抢救和保护女书文化工程，先后兴建了女书文化村，建立了女书博物馆，还组织开发女书工艺品，形成女书文化产业。同时，为了使女书文化薪火相传，保留女书文化价值，当地政府的传承方式先后出台。虽然原来的私塾式、祭祀式的传承方式不复存在，但家传式的传承继续存在。比如胡美月教她女儿唐丽英学习女书。为发展文化旅游，政府支持歌堂式、学校式、文献式的传承方式，使得女书开始复兴。女书教育从原来对象只传女不传男到不分本族外姓、不分男女，传授方式也从半公开到完全公开，甚至在政府的支持下出现了专门的学校、教材、教师。江永当地政府和中南民族大学合作兴建了女书学堂，胡美月担任专业教师，负责教授女书。此外，政府还鼓励当地小学兴办女书兴趣班。目前，何静华、蒲丽娟、林莹是三代女书的自然传承人。围绕女书保护，当地还成立了江永女书园，结合当下研学旅行，打造研学旅行基地。目前来看，女书文化抢救工程涉及的内容均已完成。很多学者如赵丽明等，出版了很多关于女书研究的著作，有助于社会对女书的理解和对女书的保存。

女书当代价值的挖掘涉及文创设计、服饰、书法、动漫、音乐、影视等各个领域。人们把女书的审美价值移植到文化创意、服装、工艺等方面的设计之中，如女书织带、女书闺蜜诗巾、女书油纸伞、女书桌椅等，取得了不错的市场效果。很多音乐人创作了以女书为主题的歌曲，也给观众留下了深刻的印象。比如2019年，音乐家谭盾在深圳南山音乐节开幕式《女书之夜》上，以竖琴独奏和交响乐演绎了《女书》；在"2019全球外交官中国文化之夜"开幕式上，青年歌唱家、女书文化艺术宣传大使李雨儿演绎原创歌曲《女书魂》，加之活动现场3位女书传人展示了女书书法，并吟诵《女书之歌》。此外，现场还布置了"江永女书展区"，完美地向与会的160多个国家和国际组织的外交官展示了女书的魅力。2011年，电影《雪花秘扇》上映，实现了中国、美国、韩国三国的跨国合作。该剧改编自小说《雪花与秘密的扇子》，讲述了两个女人之间凄美委婉的感情故事，涉及江永、女书等因素，是女书文化的跨文化传播。

二、时代科技的赋能

在逐渐失去原有生态的背景下，想要继续保存女书的话，离不开女书及女书文化等文献资料。例如，静态文献包括女书作品、女字汇编、女书专著、女书学术论文集等，动态文献包括录音录像、电视专题片、原始资料、电子读物等。

目前,为了女书在市场下的复活,政府部门、专家学者、商界人士等有意识地对民众和传承人进行了人工干预,仿照原生态传承生态,再现女书原始生态环境,给江永地区、女书文化都带来很多契机。但其中也存在一些问题,比如,江永有很多建筑物的牌匾都是用女书写的,这和以前女书的秘密流传是不一样的;再如,公开写女书、唱女书的表演,也和女书的私密性不同。这也就提示了原生态和市场化、产业化之间的矛盾,其实也就是如何协调开发和保护的问题。

当下,学界提出了女书的数字化研究问题,为女书的原生态保护和合理开发提供了一个思路。有关女书的数字化研究,夏三鳌(2017)有比较明确的论述。他认为数字化研究,就是"综合利用最新的数字图像技术、虚拟现实技术、互联网等技术,将女书非物质文化遗产进行整理、归类,并通过数字化技术进行记录、编辑、管理和再现,使人们能够在不动用非物质文化遗产的情况下,通过网络和计算机清晰地、全方位地参观和感受文物,能够不受时间与空间的限制,超越国际与文化,感受到与观看实物极相近的感官体验"。可以说,数字技术能够为女书等非物质文化遗产在传播方式和内容方面提供广阔的空间,并构建适于生存的活态虚拟环境,做到全新的保真效果和展示要求,为后期的研究、市场开发提供良好的基础。

2021年8月18日,以"女书"为关键词在中国知网展开搜索,有333篇相关论文,但是只有小部分论文与数字化研究有关。就数字化研究与应用来看,多涉及物质文化遗产保护,而对非物质文化遗产保护的数字研究则刚刚起步。国外已经系统地开展了针对非物质文化遗产的复原与展示研究,并取得了不错的效果。例如《非物质文化遗产数字化研究——以女书为例》一书,以女书保护为目标,结合平面数字化、动漫设计、虚拟现实技术等数字化技术,从理论和实践层面,阐释了女书数字化保护的相关设想。

女书面临的难题具有一定的代表性。中国正处于快速发展时期,在这样的条件下如果更好地保护文化遗产,尤其是非物质文化遗产,既需要全社会的共同关注,也需要技术上、策略上提供可以参考的方案。而数字化为女书这类非物质文化遗产的活态保护、为平衡保护和开发原生态与市场化,提供了一个思路,值得我们继续探索下去。

面对目前江永女书的开发现状,今后我们应该做的是尽可能通过各种手段、策略、技术,全方位地将女书文化发掘出来并加以保存、整理,将真实的面貌留存下来、传承下去。而真正要使女书继续传承下去,最根本的还是需要更多的女书研究人才。

学习小结

女书因江永而形成,江永因女书而闻名。江永女书流传于江永县的仅有两万余人的上江圩一带。江永女书是迄今世界上发现的唯一妇女专用文字,它的使用形成了女书作品,它的传承构成了女书习俗。女书字形呈斜长菱形,笔画纤细均匀,似蚊似蚁。何时起源、因何起源,尚无法详考。女书用来标记永州城关汉语方言土语,多使用同音借代之法。女书采取家传、亲朋相教的方式世代相传,它和妇女特有的婚嫁、岁时节日、庙会等民俗活动紧紧融合在一起,充分表现了独特的社会交往功能和价值。

目前,女书的保护传承得到了社会各界的重视。但是如何平衡原生态保护和市场开发的矛盾,仍然值得思考。有人指出,数字化是女书保护的一个平衡各方的可持续保护之路。

女书对语言学、民俗学、人类学、社会学、妇女学、美学以及民间文学等多学科领域,都具有重要的研究价值,需要后人继续研究。

扩展链接:

1. 何研.江永女书传承人制度探析[J].《文化遗产》.2021(03).

2. 于皓.以湖南江永女书文化助推乡村振兴[N].中国社会科学报 2020－08－11.

3. 秦思.走近江永女书及其文化语境[N].中国社会科学报,2020－07－21.

4. 周红金,周恺.女书:湖湘女校人文素养教育新实践[N].中国社会科学报.2020－07－17.

关 键 词 语

女书 women's script。

思 考 题

1. 能书写并识读、理解 10 个女书汉字。

2. 在了解女书开发与保护工作的基础上,思考我们在面对非物质文化遗产时应该注意哪些问题。

参 考 文 献

1. 曹志耘,赵丽明.从方言看女书,中国社会语言学,2004(2).

2. 曹志耘,赵丽明.从方言看女书,中国社会语言学,2004(2).

3. 贺夏蓉.女书及女书文化传承的演变及特征分析,《文化遗产》,2010(3).

4. 贺夏蓉.论女书及女书文化的保护原则及其应用,《船山学刊》,2010(3).

5.蒋明智,何研.女书的吟诵及其传承,《广西民族大学学报(哲学社会科学版)》,2011(05).

6.廖宁杰.女书"坐歌堂"的仪式及音乐研究,《艺术评鉴》,2017(17).

7.林长华.独具魅力的女书——东山歌册,《曲艺》,2012(3).

8.刘璐.湖南江永上江圩女书发源地土话语法研究,湖南师范大学硕士学位论文,2019.

9.刘昭琪.《女书的词汇语法研究》,华中师范大学硕士学位论文,2013.

10.骆晓戈.《江永女书·谜语篇》赏析,《船山学刊》2011(2).

11.骆晓戈.江永女书的实地调查与新媒体传播的研究报告,《船山学刊》2013(2).

12.吕频,王志军.女书歌曲方言与旋律关系探析,大众文艺,2013(3).

13.彭兰玉.江永女书的写、读、唱,《湖南大学学报(社会科学版)》,2010(6).

14.曲彦斌."侨批"隐语与梅州"下市话"等小地域乡土秘密语现象刍议———关于民俗语言文化遗产抢救性保护的田野调查札记,《文化学刊》,2016(4).

15.夏三鳌.非物质文化遗产数字化研究——以女书为例[M].北京:中国社会科学出版社,2017.

16.谢燮.论"女书"作品内容的多元化,《民族论坛》,2014(9).

17.赵丽明.女书字数统计与异体字处理,《内江师范学院学报》,2007(3).

18.赵丽明.奇特的文化现象:关于中国妇女文字,《中国文化》,1989(01).

19.郑慧.江永女书的兴盛,《山西档案》,2012(2).

20.邹玉瑛,何欣,赵一慧,韩润泽.新时代女书文化的传播现状和策略研究,《传播力研究》,2019(3).

推荐读物:

1.李庆福.女书文化研究.北京:人民出版社,2009.

2.赵丽明.传奇女书——花蹊君子女九簪(修订版).北京:清学大学出版社,2018.

第八章　乡愁与乡音

本章导读

习近平总书记曾多次提到"乡愁",体现着人民领袖对国家、对人民的赤子深情。乡音也是乡愁。家乡话是一个人的乡愁,而方言是整个民族的乡愁。

方言是美的。方言之美,需要我们去继续追寻,也需要拯救和保护。每个人的力量不同,但是为自己的家乡保存记录点滴的乡音,都是可以做到的。随着时间的流逝,你会想起年轻时曾如此认真地亲近方言,你会饶有兴趣地谈起"这个""那个"东西的方言如何表达。

方言之美,美在文化。方言和以方言为载体的民歌民谣、方言词汇、民谚曲艺、地方戏曲等,都蕴含着无尽财富的文化。方言之美,美在传承。年轻一代,责无旁贷。传承方言,传递乡情;传承方言,热爱方言,让方言之美永续。

习近平总书记指出:"博大精深的中华优秀传统文化是我们在世界文化激荡中站稳脚跟的根基。中华文化源远流长,积淀着中华民族最深层的精神追求,代表着中华民族独特的精神标识,为中华民族生生不息、发展壮大提供了丰厚滋养。"方言及方言文化是中华优秀传统文化的重要组成部分。记得住乡愁,才能知道我们为什么出发;留得住乡愁,才能知道我们走向何方。

【学前思考】

提到乡愁,你首先会想到什么呢?说到乡音,你又会想到什么呢?有人说回不去的故乡,你怎么看?

【学习目标】

(1)理解方言文化的当下价值。

(2)理解乡愁与乡音的乡村振兴中的价值、意义。

(3)思考如何更好地实现方言之美的当下化。

(4)思考如何在铭记乡愁中保存乡音。

【学前体验】

新农村建设一定要走符合农村的建设路子,农村要"留得住绿水青山,记得住乡愁。乡愁是什么意思呢?就是你离开了这个地方会想念这个地方。

——2015年1月20日,习近平总书记在云南大理农村考察时的讲话。

第一节 看得见的"乡愁"

一、何处安放乡愁

如果说乡愁是对故乡的深深怀念——怀念青山绿水,怀念父老乡亲,也怀念温暖的乡音,那么,乡愁就是母亲的呢喃,是故乡记忆的依托,就是梦中萦绕的温暖。

人走得出家乡,走不出乡愁。心里有乡愁,离家乡还会远吗?家国情怀,亦自乡土始。乡音越来越稀缺了,我们急需留住这笔财富。毕竟记住出发的地方,才能到达远方。传统渐行渐远,行人容易迷失自己,乡愁始终会成为心头难以割舍的牵挂。

乡愁到底是什么?很多人认为,乡愁就是不易觉察的风筝线,如果线在,那么风筝就在;若是线不在了,风筝就随风而走,漂泊四方了。

2016年4月25日,习近平总书记在安徽凤阳县小岗村召开农村改革座谈会时强调,"建设社会主义新农村,要规划先行,遵循乡村自身发展规律,补农村短板,扬农村长处,注意乡土味道,保留乡村风貌,留住田园乡愁"。

图 8-1 田园(张晓晨绘制)

二、如何诉说乡愁

自改革开放以来,农村人逐渐加速走出乡村、走进大大小小的城市,人们称之为城镇化浪潮。在这股浪潮中,传统乡村日益减少、日益萎缩,有人痛心地说每天有80~100个村庄消失。学者冯骥才说:"如果失去了千姿百态的文化个性和活力,传统村落的保护将无从谈起,'留住乡愁'也将落空。"作为乡土文化重要载体的方言及以方言为载体的方言文化,都是传统乡村文化的活力和个性的组成和体现。没有乡音,我们如何诉说乡愁?没有方言文化,我们如何表达乡情?

图 8-2 城市里的乡愁(吴亚辰绘制)

我国政府一方面积极推广普通话,截至 2020 年,全国范围内的普通话普及率达已经达到 80.72%,可以说取得了举世瞩目的成果;另一方面,我们也意识到方言及方言文化的价值和意义,提出保护方言。2012 年 12 月,教育部和国家语委发布《国家中长期语言文字事业改革和发展规划纲要(2012—2020 年)》,指出要建立和完善语言资源库,探索方言使用和保护的科学途径。2014 年,国务院有关领导对汉语方言保护工作做出重要批示,指出汉语方言是中华传统文化的载体和地方历史文化的见证,是宝贵的文化财富,要加强对其研究、总结,不能使之消失,这与推广普通话并不矛盾,并要求要作为抢救工程,制定时间表,切实做好汉语方言和少数民族语言的整理,包括方言故事的收集,要注意依法应对外国人对我语言的搜集。

无论是政府还是社会民众,都感受到了方言的目前景况和可能带来的后果。因此,很多地方陆续启动了不少保存方言和地方性文化的课题,甚至在中小学开设方言课程来保护和传承方言。方言,凝聚着乡土文化的知识经验、思想智慧。在方言里,先民的风物人情系统得到呈现。保护方言,是保护文化多样性的重要举措;保护方言,才能从根本上保证可以守望乡愁。

三、何来浓浓乡情

乡音承载乡愁，乡愁凝聚乡情。学者冯骥才说："留住乡愁最重要的恐怕是指它的精神文化价值，那就是留住我们对于民族家园的情感、土地的情感和文化的情怀。"乡情是对六七千年农耕社会文明的深刻认识，也是几亿人对乡土文化生活的深深眷恋。中国的先民们依靠自己的智慧，不但发展出农业，保证了生命的延续与美好，而且依托农业，创造了二十四节气等具有中国智慧的东方文明。可以说，农业文明孕育了中华文化，承载着中国人内心最深沉的情思。没有了乡愁，没有了乡音，失去了乡情，就失去了对家乡的认同，何来浓浓乡情？有的可能只是"想挣脱家乡怀抱"的莽撞，就如同风筝挣脱细线一样。把书桌搬到希望的田野上，把论文写到中国的大地上，守望乡愁、不舍乡音、牢记乡情，应该是青年人的重要选择。

第二节　听得见的"乡音"

一、难舍乡音

乡音难舍，因为乡音与我们最近；乡音难舍，因为乡音与我们最亲。乡音不仅承载着我们的苦辣酸甜，还凝固着先辈们的悲欢离合。

图 8-3　乡音（吴亚辰绘制）

第八章　乡愁与乡音

(一)方言与人口迁移

传统社会的农业社会,农业社会安土重迁。每当迫不得已背井离乡时,中国人总是眼洒热泪,跪地磕头,一抔黄土是乡愁。在每个人的眼里,家乡是最美的。带着乡愁还乡,一切都是熟悉旧时模样,这也是几千年乡土中国的样子。无论走到哪里,家乡才是根的所在。只有农村在,延续五千年中华文明的土壤才会完整地保留下来。其中最典型的客家人几次南迁,"宁舍祖宗田,不忘祖宗言",走到海角天涯,他们依旧乡音不改,即使散落各地,仍然可以基本通话,源自对故土的热恋。

图 8-4　故乡的热恋(吴亚辰绘制)

当下的时代,人口频繁流动和城市化速度加快推进,对于生活在这个时代的国人而言,最大的乡愁则莫过于乡音——方言——遗失。多年来一直潜心研究华容话的蔡一叶老师深情地说:"方言不仅是一种叙述方式,更像是一条精神脐带,连接着作者的生命体验和感受世界的方式。"

无论你游走四方,还是固守家园,请你在讲普通话的同时,请记得给自己的母语方言留下一席之地,保护好寄托乡愁的乡音。

(二)方言与代际传承

目前,普通话是中国人使用最为广泛的共同语。有道是"学好普通话,走遍天下都不怕"。相比之下,方言作为一种主流之外的"土语",传承的路径却愈加逼仄。作为一种曾与生活息息相关的陪伴,方言却正滑入岌岌可危的境地。如何传承好陪伴我们的母语方言呢?党和国家、社会都在采取行动。

党的十七届六中全会提出了"大力推广和规范使用国家通用语言文字,科学保护各民族语言文字"的方针,很多学者也呼吁在校园里为方言留下空间。政府、学校开始努力为方言的生存提供一定的空间。如闽南、苏南等地区,陆续开展"方言进校园""方言进课堂"活动,在中小学开设方言及方言文化课程。如 2011 年,福建省厦门市出台了《厦门市中长期教育改革和发展规划纲要(2010—2020 年)》,该纲要积极推进闽南方言与文化课程进入中小学,进而形成国家教育、地方课程、校本课程相互配合、有机统一的基础阶段课程体系。许多大学,如北京语言大学、北京大学、武汉大学、北京师范大学等,都开设了"方言文化"课程,带领大学生走向田野。

此外,一方面,以方言为载体或表现形式的节目、作品,如方言娱乐节目、方言剧目、方言文学、方言影视、方言歌曲等,受到年轻人的喜爱;另一方面,一些年轻人利用抖音、快手等平台,积极开拓方言使用空间,也取得了不错的效果。年轻人已经意识到方言有趣、有意思,也开始认识到方言是一笔财富,开始亲近方言,开始有意去传承方言。涌入城市的很多务工人员开始一边自觉维持家乡方言,一边积极使用普通话,如此既能帮助他们更有效地融入城市生活,又可以留住寄寓在乡音里的浓浓乡愁。如中国语言资源保护工程在各地都有语言保护志愿者,很多志愿者是年轻人。再如,泉州有一个叫做"说咱闽南语"的闽南语团队,团队的年轻人建有同名 APP,同时在 b 站和微博也有账号,里面有讲闽南话的日常 volg,开展闽南各地方言发音及正字教学。

近些年来,湖南卫视《天天向上》栏目制片人兼主持人汪涵长期热心于方言文化的保护传承以及弘扬工作。2015 年,汪涵出资 465 万元启动"響應"计划,在湖南省境内开展方言调查,建设湖南方言数据库,最后无偿捐献给湖南省博物馆,服务地方文化事业。

图 8-5　2015 年 10 月 18 日,中国语言资源研究保护中心聘请汪涵为中心顾问

二、不舍乡音

方言通行一定地域,与共通语有所差异。就一般情况来说,在一定的地域形成了方言,同时也形成了独特的地域文化。作为文化的载体,方言和地域文化在形成过程中是相互依存、相互影响、相互推进的。方言的变化也同样反映了地域文化、经济的变化。方言是语言在不同地域的变体,维护着语言的生态。语言一体的趋势,使得语言本身也可能逐渐失去活跃的生命力。方言是反映地域文化的窗口,承

载着地方文化的个性特色和独特风格。汉语方言对于传承中华优秀传统文化、维护中华文化的多样性，都具有重要的价值。

可见，研究方言不关注地域文化，就不能真正理解地域文化；换言之，要了解地域文化，通过方言这个载体就是一条便捷途径。

(一) 方言与地方历史

方言是漫长的历史长河中形成的。现存方言的许多特征只有联系地方史料才能正确理解。比如在十万之一的北京市地图中，我们可以发现100多条与森林和动物有关的地名，如榆林、黑枣沟、梨园、鹿叫等，这就有力地说明了早期的京畿一带曾经是森林茂盛、虎豹出没的地方。闽方言区大家都知道的"天妃""妈祖"，进入了闽南方言的口语，如泉州人把面目威严的女人喻为"天妃妈"。由此可见，历史人物在当地产生的深远影响。这种影响在方言中留下了印记。

(二) 方言与地理环境

各种群落的生活都在特定的地理环境中展开。语言和文化往往都会打上这种环境的深刻烙印。不同的环境决定了不同的生活方式，反映在方言中则有不同的词汇手段的陈述。比如北方说"洗澡"，南方说"冲凉"；北方说"煮饭"，南方说"烧饭"等。随着环境、社会生活的变迁，有的方言词汇更替了。比如，保定以前说"扁食"，现在说"饺子"；再如北方以前说"箸"，现在说"筷子"。当然，也有一些常用方言词汇固执地传承下来。不同地理环境造成的方言差异，对于方言的研究都十分重要。

(三) 方言与地方习俗

民俗是广泛流行于民间的风俗习惯。"千里不同风，百里不同俗"说的是风俗习惯具有的地方性。民俗现象是一种文化现象，很多民俗也与方言有密切关系。方言和民俗往往相互渗透，民俗的地方性很多时候会在方言中表现出来。

各种习俗在不同方言中都有不同的名称。从命名称谓、四时节庆、红白大事、到民间信仰、行业褒贬，名目之多，难以计数。清明上坟的说法有"扫墓、拜山、拜纸"；端午节的节日名称就有"端午、端阳、五月五"等说法。闽台两省共同祭祀的海上保护神妈祖就有"祖妈、圣母、天妃、开台妈、崇福夫人"等称呼。

(四) 方言与文化交流

一个方言内部的语言项目，可能来自不同的区域和民族，可以反映文化之间的接触与交流。我们熟知的"筷子""麻将"都来自吴方言，日益广泛使用的"有＋VP"的语法结构则受到了福建、广东地区的影响。"站""胡同"则来自蒙古语（当然，胡同来源尚有争议）。很多地区过去儿童玩的"嘎拉哈"，一般是猪牛羊等家畜关节处的一块骨头，常用来抛掷玩耍。其实，"嘎拉哈"是来自满语的音译借词。东北地区很多地名来自少数民族语言。语言一般来说难以自足，方言也是。细细梳理，一处的方言就是地区的内外交往史。

三、亲近乡音

(一)方言节目

一些电视人纷纷投身到方言保护之中,用节目调动社会民众的参与性,拉近人们与方言的距离。下面介绍一些方言节目。

湖南卫视创作团队积极响应国家教育部、国家语委启动的"中国语言资源保护工程",先后创作了一系列方言节目。如首档方言音乐综艺节目——《十三亿分贝》,节目秉承寓教于乐和轻松快乐的传播原则。节目之中,当方言撞上音乐,音乐携手方言,方言与音乐互动共举,通过"原创、改编、翻唱"的方式,各地文化、风俗得以全面展现。此外,湖南卫视的《越策越开心》首开"方言先河"之后,全国各省地面频道也纷纷效仿,并且获得了不错的收视率。在2012年,汪涵请来了多位吟诵名家,录制了第一份语言保护成果——方言吟诵专辑《湘诵》光碟,成为保护方言吟诵方式的重要尝试。

粤语先生郭嘉峰主持的《疯狂粤语》,致力于"让粤语流行起来",坚持用粤语发声,调侃世界上的荒诞事,表达大网络时代90后的三观。众所周知,粤语流行文化有着深厚的历史积淀,粤语节目、粤语音乐、粤语电影直到今天都是文化宝藏。《疯狂粤语》誓要让粤语发声、不要将粤语锁入博物馆。疯粤文化致力于推动粤语流行文化的发展,生产了一批有品质、有热度的网络节目和演出产品,孵化了一批有个性、有魅力的年轻知识偶像。疯粤要把自己做成粤流行文化对外输出的窗口。

福建闽侯广播电视台开办的方言叙事类节目《讲有味》,节目使用福州方言,意在向观众讲述闽侯风土人情、民间歌谣、反腐倡廉、对抗新冠疫情等。节目还大量带有方言的谐音梗、传统笑话等,让老百姓不仅听得懂,也能"讲得来"。这个栏目在传播传承方言的同时,也促进了方言的研究和整理。《讲有味》的走红,启示我们只要坚持了正确的舆论导向,把话筒交给老百姓,地域化的节目依然可以延展得很广阔。

(二)方言影视

基于方言的特有价值,很多影视作品及电影节都开始把关注的目光投向方言,用方言影视的形式,表达对方言的时代关怀。如近期火爆的《山海情》《装台》都有很多方言使用情况,方言的使用与剧作主题搭配十分得当,有加分的成分,也让该剧的方言版更得观众青睐,成了一种别样的观看体验。

足荣村方言电影节(Zurong Dialect Film Festival)是中国第一个方言电影节。电影节以宣传和保护方言文化为宗旨,大力鼓励电影人使用方言进行艺术创作,扶持方言电影的发展,努力提升方言电影的社会影响力。

(三)积极作为

社会各界有识之士开始认识到方言的价值,积极行动起来,给方言使用提供一定的空间。这些行动主要有提出议案、设立项目、建设博物馆等。

1. 议案

2002年,在全国政协九届五次会议期间,全国政协委员、原国家语委党组书记朱新均就提议建立中国语言文字博物馆,他建议应该将此项工程作为国家博物馆建设项目尽快立项,并指出"这一博物馆应全面收集中国语言文字各方面的历史资源和现实成果,充分展示中国语言文字的历史发展脉络、文化特色和价值;同时,要采用现代高科技手段,利用多媒体综合收集、展示,以便于进行进一步的语言文化资源的开发利用,从而把此博物馆建成集保护、展示、交流和研究中国语言文字功能于一体,对人民群众特别是青少年进行相关知识和爱国主义教育的基地"。此后,很多全国人大代表、全国政协委员陆续提出建立中国语言博物馆,中国文字博物馆,抢救保护濒危语言和方言等提案。2020年,全国人大代表、南京市人大常委会主任龙翔在全国人大代表会上,提交了关于深入推进汉语方言传承工作的建议。

2. 中国语言资源保护工程

2015年,为了更加全面、及时抢救保护中国语言资源,教育部、国家语委正式启动了"中国语言资源保护工程"(以下简称语保工程),在全国范围开展以语言资源调查、保存、展示和开发利用等为核心的各项工作。语保工程的目标是,贯彻落实十七届六中全会关于"科学保护各民族语言文字"的精神,针对现代化背景下汉语方言和少数民族语言迅速衰变的严峻形势,统筹规划、整体推进,利用现代化技术手段,全面调查我国当今语言状况,收集记录汉语方言、少数民族语言和口头文化的实态语料,进行科学整理和加工,建成大规模、可持续增长的多媒体语言资源库,并开展语言资源保护研究工作,形成系统的基础性成果,进而进行深度开发和展示,全面提升我国语言资源保护和利用的水平,为传承中华优秀传统文化、促进民族团结、维护国家安全服务。目前,语保工程一期建设已完成预期目标,并建成了世界上最大规模的语言资源库和展示平台。

3. 建立博物馆

为了更有效保护方言,曹志耘(2010)就提出设立方言博物馆的主张,并提出应该包括方言和方言文化展示(含方言概况、方言文艺、方言民俗、方言名物)、方言语料保存和收集(含方言语料、方言语料自助采录系统)、方言研究三大板块。在文中,曹教授还列举了当时已经建成的语言文字博物馆,包括中国文字博物馆、中国民族古文字陈列馆、水书文化展览馆和水书博物馆、女书园、女书生态博物馆和女书数字博物馆、上海方言文献资料库。

目前,方言博物馆的设想得到了重视,很多地区都建立了博物馆。如广西贺州学院建立了语言博物馆。由广东广播电视台牵头建立了岭南方言文化博物馆,"推广普通话、保护传承方言文化"是其重要目标。山西太原建成山西首个方言博物馆。这些博物馆的建立,有助于推动方言保护意识的增强,提升人们的地域文化的自豪感和自信心。

4.《岳麓宣言》

2018年9月,中国政府与联合国教科文组织联合举办了首届世界语言资源保护大会。大会的主题是"语言多样性对于构建人类命运共同体的作用:语言资源保护、应用与推广"。大会产生了成果文件《保护和促进世界语言多样性岳麓宣言》（简称《岳麓宣言》）,是联合国教科文组织首个以"语言多样性"为主题的重要永久性文件,也是联合国"2019国际本土语言年"的基础性文件。《岳麓宣言》积极响应习近平总书记"构建人类命运共同体"倡议,以"保护世界语言多样性"为切入点,凝练了当前世界保护语言资源的核心理念及做法,为世界提供了语言资源保护可资借鉴的经验、模式和路线图,是我国语言资源保护工作取得的重要标志性成果。它标志着中国语言资源保护工作在国际文化交流活动中获得了话语权,是向世界传递中国声音、贡献中国智慧的一次成功实践。

第三节　方言,时尚之声

一、方言是美的表达

方言传承,是流动的文化,流动的风俗,流动的历史。一句话,方言是美的表达。

方言之于文学,好比盐之于饭菜。"舌尖上的中国"不可能少了盐,方言就是文学大餐中的盐巴。过去,《西游记》中的淮安方言诙谐风趣,《水浒传》中的山东方言豪爽劲道,《红楼梦》则更是集北京的京都之风、南京的吴侬软语以及各地方言之大成。近日,金澄宇的《繁花》,如同弄堂里上海话的回声。石清舒的《清水里的刀子》,仿佛西北回民粗犷中对自然的敬佩与顺从。林培民的《以父之名》,则充满了潮汕小镇上的逃离与面对。正所谓,一方水土养一方人,一地方言成一家"盐"。来自天南海北的作者,自然而然地把"盐"给撒进了自己的作品。无论读者有什么口味,好辣好酸好甜好咸,都能在文学中的方言里,找到归宿感和获得感。这可能就是方言的魅力,也是方言之所以总能活跃在文学作品中的根本原因所在。

中国各地的众多方言,已经有三种方言产生方言文学。第一是北京话,第二是苏州话（吴方言）,第三是广州话（粤方言）。

诚如胡适先生所言,中国方言文学的三分天下:"京味儿"文学、海派文学与粤语文艺三大版图,至今都还客观存在。如今,中国方言文学三大版图可以划分为"北上广",仍是以地缘政治的根基深浅、区域经济总量的轻重、方言覆盖人群的多寡为主要依据的。

当然,"三分天下"之外,南腔北调的中国方言文学也各有各的路数。自沈从文以《边城》开创湘西方言文学以来,方言文学创作多有涌现,如李劼人以四川方言写袍哥江湖的《死水微澜》,巴金的"三部曲"《家》《春》《秋》中也不乏四川方言,张恨水的《纸醉金迷》中也有重庆方言。"川军"就此在中国方言文学版图中异军突起。再后来,路遥、陈忠实、贾平凹等"陕军东征"。中国的方言文学色彩纷呈。

二、方言是声的呐喊

方言蕴含力量,蕴含文化之力。方言是地方文化的组成部分,也是地方文化最重要的载体和媒介,蕴含着珍贵的信息,是无尽的宝藏。曹志耘(2010)指出,方言是地域文化最重要的载体和重要的组成部分,是构成文化多样性的前提条件。汉语方言是构成我国丰富多彩的地域文化和传统文化的不可或缺的重要因素,也是我国乃至全人类的珍贵的非物质文化遗产。这几千年的历史文化积淀,在时代的大潮中,仍然会发出呐喊之声。很多地方,利用方言发声,为方言发声。

江苏启动了"一生一世江苏人——江苏声音图书馆"的活动,邀请江苏名人用乡音朗诵江苏名作。一句乡音,激活的是对家乡的特有情愫。作家范小青在"声音图书馆"中,用优雅的苏州话读完一段《苏州园和苏州人》之后感慨:苏州话有一种磁场,让心安静下来,生活节奏慢下来。很多网友也踊跃参加,反响空前。项目以方言为切入点,将江苏名人、名文、诗画、戏曲等文化元素聚拢,以激起江苏人对家乡的热爱,也唤起属于江苏人的文化自信。

三、方言是我的性格

方言是我们最初听到的声音,也是我们最纵情恣意的性格。各地方言可以体现出各地人们的性格。比如成都人讲话,舌头扁扁的,每句话都会拖长尾音,听起来慢悠悠的,就像成都人民的生活,悠闲安逸;反观离得很近的重庆,讲起话来,又急又冲,就像重庆火锅,听着都辣乎乎的。同一个意思,成都人说"死娃娃,要犯错误的哦!",重庆人就是"个人背时!"。

什么水土养什么样的方言,什么样的方言又养什么样的人。耳濡目染,长此以往,方言就成为了我们的情感,融入了我们的思想,化作了我们的冲动,铸就了我们的性格。因为方言,我们还有最泼辣激烈的一面;因为方言,我们仍有最深沉浓郁的一面。最终我们发现,方言造就了我们的性格。

四、方言是我的归宿

普通话让你走得更远,但方言是为了不让我们忘记从哪里出发的。方言给每个人打上了深深的文化烙印,连同背后的思维方式都给了说方言的人。有人说,方言是我唯一永远相伴的财产。如今,城镇化的车轮继续滚滚向前,我们还有多少岁月可以回头呢?我们的乡关又在何处呢?乡音到耳才是真归。余音袅袅,是方言,是乡音。

推而广之,中华文化是乡愁的"根"。方言是"根"上重要的脉络。方言是故乡,是传统,是家国。2016年4月25日,习近平总书记在安徽凤阳县小岗村召开农村改革座谈会时强调:"建设社会主义新农村,要规划先行,遵循乡村自身发展规律,补农村短板,扬农村长处,注意乡土味道,保留乡村风貌,留住田园乡愁。"

要真正实现语言的活态传承,必须落实到具体的你我,尤其是家庭之中。对方言的传承而言,家庭是最基本的单位。在家庭中传承方言,需要每一个家庭成员有自觉传承方言的意识,尤其是家长,更要坚持与子女用方言沟通。

方言,是一个地域内最本土的声音,最具有生活气息的特色,也能最直观体现区域特色,凝聚着世代沿袭的文化记忆。时移境迁,很多时候很多人可能无暇顾及传统的传承。方言作为传统文化的载体,作为归属的象征,也许是并不应该如此随波逐流的。方言和方言文化,现在又回归到公众的视野,保护传承方言逐渐成为大家的共识。传承方言,就是维护地域文化多样性的基础。对群体也好,对个人也罢,保护好方言,就是保护好每一个个体赖以维系的立身之本,也是给自己及后代留下的乡音与乡愁。

图 8-6 母女之间(吴亚辰绘制)

第四节 美 美 与 共

一、美丽的诉说

古人说"少小离家老大回,乡音未改鬓毛衰",今人说"方言就是,我说,你懂,他不明白"。最美家乡山水,方言是美丽的诉说。不论走到哪里,人都道难舍乡音。海外华人华侨更是如此。

客家话、粤方言、闽南话在海外也有广泛的分布,保护好这些方言有联系海外华人华侨的重要文化价值和意义。随着中国人走向海外,越来越多的方言也有联系海内外华人华侨的作用。如由山东大学中文系教授、博士生导师钱曾怡先生主编的《山东方言志丛书》陆续出版,除了丰富学术内涵和文化底蕴外,也受到了海外华侨的欢迎。因为他们在书中听到了乡音,看到了乡情,找到了乡愁。

几百年来,一代代华侨华人在海外传承祖语方言,其中历经艰辛、备尝辛苦,才保留了如今域外中华语言文化或大或小的一方方绿洲。他们称得上民族之魂,是华语(主要表现为方言)传承事业的宝贵资源。

二、艰难的跨越

方言与地方文化不可分割,互为表里。方言是地方文化的重要载体,是优秀传统文化的重要组成部分,同时也是不可再生、异常珍贵的文化资源和非物质文化遗产。地方文化是中华文化的有机组成部分,是优秀民族文化的根脉所在。

学界专注于考察方言语言本体的各种问题,对于与方言关系密切的地方文化关注不多。民俗学界则专注于对民俗现象及其文化意义的描写、探索,较少涉及方言。如此,在众多学科之中,形成了方言与文化研究彼此隔离的局面。

近些年来,随着中国语言资源保护工程的实施,方言文化现象作为一个整体进入了方言调查研究的视野。方言文化得到记录、保存、呈现。语保工程的成果《中国方言民俗图典》《中国语言文化典藏》全面系统地描写和记录了方言文化,而且语保工程中的濒危方言调查、一般方言调查,都有口头文化的内容。2017年,中共中央办公厅、国务院办公厅发布了《关于实施中华优秀传统文化传承发展工程的意见》,明确指出"保护方言文化"是其中的一项工程。《中国语言文化典藏》系列丛书利用语言和多媒体、数据库及网络技术保存和展示方言文化,可以说开创了语言文化研究的一种新范式,可以称之为"语言文化资源保护模式"。在这种模式下,人们在大力开展语言文化资源保护的同时,还能将方言文化的研究推向更深的层次。

2020年10月召开的新时代全国语言文字会议指出,要充分发挥语言文字的载体作用,深入挖掘其文化内涵,传承弘扬以语言文字为载体的中华优秀文化等。因此,加强方言及方言文化的调查,延续方言文化相结合的新范式研究,是持续推进中华优秀语言文化传承发展的重要内容,是推动中华优秀传统文化创造性转化、创新性发展的应有之义,是推动语言文字事业更好地服务文化强国建设、人类命运共同体构建的关键突破点。

鉴于学界、政府与民众关于方言存在隔阂的严峻现实,可以把这种隔膜称之为"鸿沟"。曹志耘教授(2017)提出了"跨越鸿沟"的理念,并根据中国当今的实际情况,提出了四种跨越鸿沟的方式:明星、网络视频、社会活动、文化产品。

曹教授认为,跨越鸿沟就是要把政府的意志、学者的思想传递到社会大众当中去,使社会大众自觉认同并积极践行,成为整个行动的有机组成部分。语保工程的定位之一就是"社会化"。工程从一开始就高度重视宣传推广工作,注重通过各种手段营造舆论,保持热度,增强知晓度。在官方媒体方面,中央电视台、中央人民广播电台、中国国际广播电台、新华社、人民日报、光明日报等国家主流媒体和各地主要媒体,多年来一直持续跟踪报道语保工程的进展情况;在自媒体方面,开办了多个网站、微信公众号,拍摄制作了多个版本和语种的宣传片;在社会活动方面,组织开展青年志愿者行动和方言文化活动,吸引大中小学生、社会大众参与;在语保调查工作中,面向社会公开招募遴选发音人,在当地掀起珍爱和保护方言的热潮。特别是邀请明星担任语保大使和形象代言人,他们在向社会宣传语保、推动语保工作方面能够起到重要作用,产生了良好的社会影响。

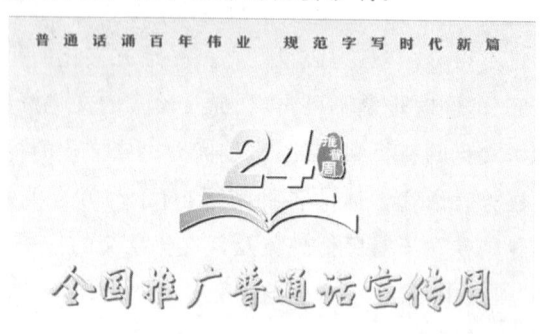

图 8-7 第 24 届全国推广普通话宣传周海报之一(来自教育部网站)

三、保护开发

除了以青年人喜闻乐见的方式(比如快手、抖音等短视频等),引导青年人意识到普通话可以表述我们共同的心声,方言能够彰显彼此的特性。学界还有很多方言保护开发的工作需要做。曹志耘教授在《论浙江方言文化的保护传承》一文中,结合浙江方言的实际情况,提出了三大类十九项任务,对我们很有启发意义。具体来说,第一类任务是浙江方言研究和应用的基础建设工作,包括浙江方言字典、浙江方言注音方案、浙江方音字汇、浙江方言词汇、浙江方言词典、浙江省方言地图、浙江方言语料集、浙江方言文化资源库、浙江方言文献库和查询系统。第二类是濒危方言和地方口头文化的抢救保存工作，包括浙江省濒危方言志、方言文学音像典藏、方言文艺音像典藏、地方文化口述。第三类是方言文化产品的开发应用工作，包括方言文化读本、方言文化教材、方言文化纪录片、方言文化博物馆、方言文化活动、其他文化科技产品。可见，方言的保护与开放，任务繁重、形式多样，大有作为，既需要学界，也需要政府、社会大众、各行各业协力同行。

四、共享与同说

在普及普通话的今天，许多民众只看到了方言会阻碍共同语普及和推广的一面，往往忽视了方言对普通话的促进作用。社会上，有的父母为了孩子学好普通话，甚至不再教孩子说方言。方言萎缩乃至濒危的现象非常突出。当静心思考时，我们会发现，汉语方言作为一种文化遗产的思想逐渐被更多的人认可，语言被作为地方文化的组成部分来看待。对汉语方言进行保存和记录，能增长人的智慧财富，透过方言，能解读一个社群的智慧和文化。

不同的方言对应的是多元化的风土人情、社会文化。最典型的是一些地方曲艺，如相声、花鼓戏等，总是依托于方言，才能展现其特色与魅力。那么一旦方言衰败，其对应的文化表现形式也将随之凋零。因此，仅从保护文化多样性的层面，我们也需要保护方言。

方言伴随着移民的脚步，走向了全世界。不仅国内的人在说方言，海外的华人华侨也在说。乡音乡情，始终联系着海内外的华人。不论走到哪里，游子永远记得家乡。

推广普通话和使用传承方言，二者不可偏废，也并不是非此即彼的关系。维护语言的多样性是构建良好的语言生态环境的必要条件。普通话让我们无障碍沟通，走得更远，而方言让我们记得从哪里出发。保护传承方言文化，要吸引人们乐于开口、惯于应用，让方言为人们的日常生活添彩。重新发现、使用、传承方言，不仅是想在一腔一韵中寄托乡愁，也是在保育摇曳多姿的地方文化。

学习小结

古往今来，人们用尽辞藻抒写乡愁，但总是因丧失乡音而失去真实。乡愁蕴藏于摇篮中的牙牙学语，潜伏在成长过程中耳濡目染的乡音中。

每个人心里都有属于自己的乡愁，各自不同。在余光中先生眼中，乡愁是邮票和浅浅的海峡；在习近平总书记眼中，乡愁就是你离开这个地方就会想念这个地方。但是，乡愁又有一样的地方。它是每一个游子茶余饭后的淡淡想念，是工作、学习之余挥之不去的愁肠相思。

如今，人们越发意识到方言的重要性，开始了一系列的行动，来保护、传承方言。方言本就是一笔财富，许多作家在乡音中成就乡土作品，靠的就是乡音蕴藏的乡愁。可惜的是，这笔财富总游离于文字之外，就算化为文字，也缺了唇齿的韵味。

人走得出家乡，走不出乡愁，心里有乡愁，离家乡还会远吗？家国情怀，亦自乡土始。乡音越来越稀缺了，我们亟须留住这笔财富。毕竟记住出发的地方，才能到达远方。

方言之美，美在千年沧桑间的流转；方言之美，美在先人智慧的凝固。在美的旅程中，我们体验、感受、领悟方言之美，体味方言的魅力。本章及本书旨在唤起民众的方言保护意识。方言和方言文化，作为非物质文化遗产，凝结了世代相传的经验、思维方式、智慧，是值得保护和继承的中华优秀传统文化的重要组成部分，是值得我们珍视的宝贵财富。方言，让我们更自信；方言，让我们更自豪。因为方言让我们每一个人记得从何处出发。理解乡音的魅力与价值、理解乡愁的社会意义，每一个人都应该去思考如何在铭记乡愁中保存、保护乡音。

扩展链接：

李亚宏,李燕凌.文化自信视域下河北方言文化的保护与传播[J].《河北大学学报（哲学社会科学版）》.2021(02).

周奉真,莫超.论非遗视域下语言与方言的地位及其保护传承[J].《中国非物质文化遗产》.2021(02).

关键词语

乡音 local accent。

乡愁 homesickness。

思考题

1.2014年两会期间，习近平总书记特别提到了一碗小小的牛肉粉。他说："一个地方的幸福很重要，要记得住乡愁，比如：小时候爱吃的东西。比如：贵阳的牛肉粉。"谈谈你的乡愁，以及你对乡愁如何看。

2.在当下，为了铭记乡音，守望乡愁，我们可以做些什么呢？

参考文献

1.曹志耘.关于建设汉语方言博物馆的设想[J].语文研究,2010,(2).

2.曹志耘.关于语保工程和语保工作的几个问题[J].语言战略研究,2017,(4).

3.曹志耘.跨越鸿沟——寻找语保最有效的方式[J].语言文字应用,

2017(02).

4.曹志耘.中国语言资源保护工程的定位、目标与任务[J].语言文字应用,2015(4).

5.曹志耘.论浙江方言文化的保护传承[J].《浙江社会科学》.2021(02).

6.李淑平.内蒙古科尔沁地区汉语方言与地域文化[J].内蒙古民族大学学报(社会科学版),2021(1).

7 孙宜学.中华文化国际传播:途径与方法创新[M].上海:同济大学出版社,2016.

8.田立新.中国语言资源保护工程的缘起及意义[J].语言文字应用,2015(4).

9.田立新.以史为鉴开创未来 推动中华优秀语言文化传承发展[N].《中国教育报》,2021年8月19日第01版.

10.王莉宁.中国语言资源保护工程的实施策略与方法[J].语言文字应用,2015(4).

推荐书目：

1.易中天.大话方言[M].上海:上海文艺出版社,2018.

2.周啸天.了解中国系列:中国话[M].北京:天地出版社,2012.

3.王岗峰.守望乡愁[M].杭州:浙江工商大学出版社,2018.

图 8-8 乡音和乡愁（张晓晨绘制）

附录

1.《保护非物质文化遗产公约》

联合国教育、科学及文化组织(以下简称教科文组织)大会于2003年9月29日至10月17日在巴黎举行的第32届会议,参照现有的国际人权文书,尤其是1948年的《世界人权宣言》以及1966年的《经济、社会及文化权利国际公约》和《公民权利和政治权利国际公约》,考虑到1989年的《保护民间创作建议书》、2001年的《教科文组织世界文化多样性宣言》和2002年第三次文化部长圆桌会议通过的《伊斯坦布尔宣言》强调非物质文化遗产的重要性,它是文化多样性的熔炉,又是可持续发展的保证;考虑到非物质文化遗产与物质文化遗产和自然遗产之间的内在相互依存关系,承认全球化和社会转型进程在为各群体之间开展新的对话创造条件的同时,也与不容忍现象一样,使非物质文化遗产面临损坏、消失和破坏的严重威胁,在缺乏保护资源的情况下,这种威胁尤为严重;意识到保护人类非物质文化遗产是普遍的意愿和共同关心的事项,承认各社区,尤其是原住民、各群体,有时是个人,在非物质文化遗产的生产、保护、延续和再创造方面发挥着重要作用,从而为丰富文化多样性和人类的创造性作出贡献;注意到教科文组织在制定保护文化遗产的准则性文件,尤其是1972年的《保护世界文化和自然遗产公约》方面所做的具有深远意义的工作,还注意到迄今尚无有约束力的保护非物质文化遗产的多边文件;考虑到国际上现有的关于文化遗产和自然遗产的协定、建议书和决议需要有非物质文化遗产方面的新规定有效地予以充实和补充,考虑到必须提高人们,尤其是年轻一代对非物质文化遗产及其保护的重要意义的认识;考虑到国际社会应当本着互助合作的精神与本公约缔约国一起为保护此类遗产作出贡献,以及教科文组织有关非物质文化遗产的各项计划,尤其是"宣布人类口头遗产和非物质遗产代表作"计划,认为非物质文化遗产是密切人与人之间的关系以及他们之间进行交流和了解的要素,它的作用是不可估量的,于2003年10月17日通过本公约。

第一章 总 则

第一条：本公约的宗旨

本公约的宗旨如下：

（一）保护非物质文化遗产；

（二）尊重有关社区、群体和个人的非物质文化遗产；

（三）在地方、国家和国际一级提高对非物质文化遗产及其相互欣赏的重要性的意识；

（四）开展国际合作及提供国际援助。

第二条：定义

在本公约中：

（一）"非物质文化遗产"，指被各社区、群体，有时是个人，视为其文化遗产组成部分的各种社会实践、观念表述、表现形式、知识、技能以及相关的工具、实物、手工艺品和文化场所。这种非物质文化遗产世代相传，在各社区和群体适应周围环境以及与自然和历史的互动中，被不断地再创造，为这些社区和群体提供认同感和持续感，从而增强对文化多样性和人类创造力的尊重。在本公约中，只考虑符合现有的国际人权文件，各社区、群体和个人之间相互尊重的需要和顺应可持续发展的非物质文化遗产。

（二）按上述第（一）项的定义，"非物质文化遗产"包括以下方面：

1. 口头传统和表现形式，包括作为非物质文化遗产媒介的语言；

2. 表演艺术；

3. 社会实践、仪式、节庆活动；

4. 有关自然界和宇宙的知识和实践；

5. 传统手工艺。

（三）"保护"指确保非物质文化遗产生命力的各种措施，包括这种遗产各个方面的确认、立档、研究、保存、保护、宣传、弘扬、传承（特别是通过正规和非正规教育）和振兴。

（四）"缔约国"指受本公约约束且本公约在它们之间也通用的国家。

（五）本公约经必要修改对根据第三十三条所述之条件成为其缔约方之领土也适用。

在此意义上，"缔约国"亦指这些领土。

第三条：与其他国际文书的关系

本公约的任何条款均不得解释为：

（一）改变与任一非物质文化遗产直接相关的世界遗产根据1972年《保护世界文化和自然遗产公约》所享有的地位，或降低其受保护的程度；

（二）影响缔约国从其作为缔约方的任何有关知识产权或使用生物和生态资源的国际文书所获得的权利和所负有的义务。

第二章　公约的有关机关

第四条：缔约国大会

一、兹建立缔约国大会，下称"大会"。大会为本公约的最高权力机关。

二、大会每两年举行一次常会。如若它做出此类决定或政府间保护非物质文化遗产委员会或至少三分之一的缔约国提出要求，可举行特别会议。

三、大会应通过自己的议事规则。

第五条：政府间保护非物质文化遗产委员会

一、兹在教科文组织内设立政府间保护非物质文化遗产委员会，下称"委员会"。在本公约依照第三十四条的规定生效之后，委员会由参加大会之缔约国选出的18个缔约国的代表组成。

二、在本公约缔约国的数目达到50个之后，委员会委员国的数目将增至24个。

第六条：委员会委员国的选举和任期

一、委员会委员国的选举应符合公平的地理分配和轮换原则。

二、委员会委员国由本公约缔约国大会选出，任期四年。

三、但第一次选举当选的半数委员会委员国的任期为两年。这些国家在第一次选举后抽签指定。

四、大会每两年对半数委员会委员国进行换届。

五、大会还应选出填补空缺席位所需的委员会委员国。

六、委员会委员国不得连选连任两届。

七、委员会委员国应选派在非物质文化遗产各领域有造诣的人士为其代表。

第七条：委员会的职能

在不妨碍本公约赋予委员会的其他职权的情况下，其职能如下：

（一）宣传公约的目标，鼓励并监督其实施情况；

（二）就好的做法和保护非物质文化遗产的措施提出建议；

（三）按照第二十五条的规定，拟订利用基金资金的计划并提交大会批准；

（四）按照第二十五条的规定，努力寻求增加其资金的方式方法，并为此采取必要的措施；

（五）拟订实施公约的业务指南并提交大会批准；

（六）根据第二十九条的规定，审议缔约国的报告并将报告综述提交大会；

（七）根据委员会制定的、大会批准的客观遴选标准，审议缔约国提出的申请并就以下事项作出决定：

1.列入第十六条、第十七条和第十八条述及的名录和提名；

2.按照第二十二条的规定提供国际援助。

第八条：委员会的工作方法

一、委员会对大会负责。它向大会报告自己的所有活动和决定。

二、委员会以其委员的三分之二多数通过自己的议事规则。

三、委员会可设立其认为执行任务所需的临时特设咨询机构。

四、委员会可邀请在非物质文化遗产各领域确有专长的任何公营或私营机构以及任何自然人参加会议，就任何具体的问题向其请教。

第九条：咨询组织的认证

一、委员会应建议大会认证在非物质文化遗产领域确有专长的非政府组织具有向委员会提供咨询意见的能力。

二、委员会还应向大会就此认证的标准和方式提出建议。

第十条：秘书处

一、委员会由教科文组织秘书处协助。

二、秘书处起草大会和委员会文件及其会议的议程草案和确保其决定的执行。

第三章 在国家一级保护非物质文化遗产

第十一条：缔约国的作用

各缔约国应该：

（一）采取必要措施确保其领土上的非物质文化遗产受到保护；

（二）在第二条第（三）项提及的保护措施内，由各社区、群体和有关非政府组织参与，确认和确定其领土上的各种非物质文化遗产。

第十二条：清单

一、为了使其领土上的非物质文化遗产得到确认以便加以保护，各缔约国应根据自己的国情拟订一份或数份关于这类遗产的清单，并应定期加以更新。

二、各缔约国在按第二十九条的规定定期向委员会提交报告时，应提供有关这些清单的情况。

第十三条：其他保护措施

为了确保其领土上的非物质文化遗产得到保护、弘扬和展示，各缔约国应努力做到：

（一）制定一项总的政策，使非物质文化遗产在社会中发挥应有的作用，并将这种遗产的保护纳入规划工作；

（二）指定或建立一个或数个主管保护其领土上的非物质文化遗产的机构；

（三）鼓励开展有效保护非物质文化遗产，特别是濒危非物质文化遗产的科学、技术和艺术研究以及方法研究；

（四）采取适当的法律、技术、行政和财政措施，以便：

1.促进建立或加强培训管理非物质文化遗产的机构以及通过为这种遗产提供活动和表现的场所和空间，促进这种遗产的传承；

2.确保对非物质文化遗产的享用，同时对享用这种遗产的特殊方面的习俗做法予以尊重；

3.建立非物质文化遗产文献机构并创造条件促进对它的利用。

第十四条：教育、宣传和能力培养

各缔约国应竭力采取种种必要的手段，以便：

（一）使非物质文化遗产在社会中得到确认、尊重和弘扬，主要通过：

1.向公众，尤其是向青年进行宣传和传播信息的教育计划；

2.有关社区和群体的具体的教育和培训计划；

3.保护非物质文化遗产，尤其是管理和科研方面的能力培养活动；

4.非正规的知识传播手段。

（二）不断向公众宣传对这种遗产造成的威胁以及根据本公约所开展的活动；

（三）促进保护表现非物质文化遗产所需的自然场所和纪念地点的教育。

第十五条：社区、群体和个人的参与

缔约国在开展保护非物质文化遗产活动时，应努力确保创造、延续和传承这种遗产的社区、群体，有时是个人的最大限度的参与，并吸收他们积极地参与有关的管理。

第四章 在国际一级保护非物质文化遗产

第十六条：人类非物质文化遗产代表作名录

一、为了扩大非物质文化遗产的影响，提高对其重要意义的认识和从尊重文化多样性的角度促进对话，委员会应该根据有关缔约国的提名编辑、更新和公布人类非物质文化遗产代表作名录。

二、委员会拟订有关编辑、更新和公布此代表作名录的标准并提交大会批准。

第十七条：急需保护的非物质文化遗产名录

一、为了采取适当的保护措施，委员会编辑、更新和公布急需保护的非物质文化遗产名录，并根据有关缔约国的要求将此类遗产列入该名录。

二、委员会拟订有关编辑、更新和公布此名录的标准并提交大会批准。

三、委员会在极其紧急的情况（其具体标准由大会根据委员会的建议加以批准）下，可与有关缔约国协商将有关的遗产列入第一款所提之名录。

第十八条：保护非物质文化遗产的计划、项目和活动

一、在缔约国提名的基础上，委员会根据其制定的、大会批准的标准，兼顾发展中国家的特殊需要，定期遴选并宣传其认为最能体现本公约原则和目标的国家、分地区或地区保护非物质文化遗产的计划、项目和活动。

二、为此，委员会接受、审议和批准缔约国提交的关于要求国际援助拟订此类提名的申请。

三、委员会按照它确定的方式，配合这些计划、项目和活动的实施，随时推广有关经验。

第五章　国际合作与援助

第十九条：合作

一、在本公约中，国际合作主要是交流信息和经验，采取共同的行动，以及建立援助缔约国保护非物质文化遗产工作的机制。

二、在不违背国家法律规定及其习惯法和习俗的情况下，缔约国承认保护非物质文化遗产符合人类的整体利益，保证为此目的在双边、分地区、地区和国际各级开展合作。

第二十条：国际援助的目的

可为如下目的提供国际援助：

（一）保护列入《急需保护的非物质文化遗产名录》的遗产；

（二）按照第十一条和第十二条的精神编制清单；

（三）支持在国家、分地区和地区开展的保护非物质文化遗产的计划、项目和活动；

（四）委员会认为必要的其他一切目的。

第二十一条：国际援助的形式

第七条的业务指南和第二十四条所指的协定对委员会向缔约国提供援助作了规定，可采取的形式如下：

（一）对保护这种遗产的各个方面进行研究；

（二）提供专家和专业人员；

（三）培训各类所需人员；

（四）制订准则性措施或其他措施；

（五）基础设施的建立和营运；

（六）提供设备和技能；

（七）其他财政和技术援助形式，包括在必要时提供低息贷款和捐助。

第二十二条：国际援助的条件

一、委员会确定审议国际援助申请的程序和具体规定申请的内容，包括打算采取的措施、必需开展的工作及预计的费用。

二、如遇紧急情况，委员会应对有关援助申请优先审议。

三、委员会在作出决定之前，应进行其认为必要的研究和咨询。

第二十三条：国际援助的申请

一、各缔约国可向委员会递交国际援助的申请，保护在其领土上的非物质文化遗产。

二、此类申请亦可由两个或数个缔约国共同提出。

三、申请应包含第二十二条第一款规定的所有资料和所有必要的文件。

第二十四条：受援缔约国的任务

一、根据本公约的规定，国际援助应依据受援缔约国与委员会之间签署的协定来提供。

二、受援缔约国通常应在自己力所能及的范围内分担国际所援助的保护措施的费用。

三、受援缔约国应向委员会报告关于使用所提供的保护非物质文化遗产援助的情况。

第六章　非物质文化遗产基金

第二十五条：基金的性质和资金来源

一、兹建立一项"保护非物质文化遗产基金"，下称"基金"。

二、根据教科文组织《财务条例》的规定，此项基金为信托基金。

三、基金的资金来源包括：

（一）缔约国的纳款；

（二）教科文组织大会为此所拨的资金；

（三）以下各方可能提供的捐款、赠款或遗赠：

1.其他国家；

2. 联合国系统各组织和各署(特别是联合国开发计划署)以及其他国际组织;

3. 公营或私营机构和个人。

(四)基金的资金所得的利息;

(五)为本基金募集的资金和开展活动之所得;

(六)委员会制定的基金条例所许可的所有其他资金。

四、委员会对资金的使用视大会的方针来决定。

五、委员会可接受用于某些项目的一般或特定目的的捐款及其他形式的援助,只要这些项目已获委员会的批准。

六、对基金的捐款不得附带任何与本公约所追求之目标不相符的政治、经济或其他条件。

第二十六条:缔约国对基金的纳款

一、在不妨碍任何自愿补充捐款的情况下,本公约缔约国至少每两年向基金纳一次款,其金额由大会根据适用于所有国家的统一的纳款额百分比加以确定。缔约国大会关于此问题的决定由出席会议并参加表决,但未作本条第二款中所述声明的缔约国的多数通过。在任何情况下,此纳款都不得超过缔约国对教科文组织正常预算纳款的百分之一。

二、但是,本公约第三十二条或第三十三条中所指的任何国家均可在交存批准书、接受书、核准书或加入书时声明不受本条第一款规定的约束。

三、已作本条第二款所述声明的本公约缔约国应努力通知联合国教育、科学及文化组织总干事收回所作声明。但是,收回声明之举不得影响该国在紧接着的下一届大会开幕之日前应缴的纳款。

四、为使委员会能够有效地规划其工作,已作本条第二款所述声明的本公约缔约国至少每两年定期纳一次款,纳款额应尽可能接近它们按本条第一款规定应交的数额。

五、凡拖欠当年和前一日历年的义务纳款或自愿捐款的本公约缔约国不能当选为委员会委员,但此项规定不适用于第一次选举。已当选为委员会委员的缔约国的任期应在本公约第六条规定的选举之时终止。

第二十七条:基金的自愿补充捐款

除了第二十六条所规定的纳款,希望提供自愿捐款的缔约国应及时通知委员会以使其能对相应的活动作出规划。

第二十八条:国际筹资运动

缔约国应尽力支持在教科文组织领导下为该基金发起的国际筹资运动。

第七章　报　告

第二十九条：缔约国的报告

缔约国应按照委员会确定的方式和周期向其报告它们为实施本公约而通过的法律、规章条例或采取的其他措施的情况。

第三十条：委员会的报告

一、委员会应在其开展的活动和第二十九条提及的缔约国报告的基础上，向每届大会提交报告。

二、该报告应提交教科文组织大会。

第八章　过渡条款

第三十一条：与宣布人类口头和非物质遗产代表作的关系

一、委员会应把在本公约生效前宣布为"人类口头和非物质遗产代表作"的遗产纳入人类非物质文化遗产代表作名录。

二、把这些遗产纳入人类非物质文化遗产代表作名录绝不是预设按第十六条第二款将确定的今后列入遗产的标准。

三、在本公约生效后，将不再宣布其他任何人类口头和非物质遗产代表作。

第九章　最后条款

第三十二条：批准、接受或核准

一、本公约须由教科文组织会员国根据各自的宪法程序予以批准、接受或核准。

二、批准书、接受书或核准书应交存教科文组织总干事。

第三十三条：加入

一、所有非教科文组织会员国的国家，经本组织大会邀请，均可加入本公约。

二、没有完全独立，但根据联合国大会第1514（XV）号决议被联合国承认为充分享有内部自治，并且有权处理本公约范围内的事宜，包括有权就这些事宜签署协议的地区也可加入本公约。

三、加入书应交存教科文组织总干事。

第三十四条：生效

本公约在第三十份批准书、接受书、核准书或加入书交存之日起的三个月后生效,但只涉及在该日或该日之前交存批准书、接受书、核准书或加入书的国家。对其他缔约国来说,本公约则在这些国家的批准书、接受书、核准书或加入书交存之日起的三个月之后生效。

第三十五条：联邦制或非统一立宪制

对实行联邦制或非统一立宪制的缔约国实行下述规定：

（一）在联邦或中央立法机构的法律管辖下实施本公约各项条款的国家的联邦或中央政府的义务与非联邦国家的缔约国的义务相同；

（二）在构成联邦,但按照联邦立宪制无须采取立法手段的各个州、成员国、省或行政区的法律管辖下实施本公约的各项条款时,联邦政府应将这些条款连同其建议一并通知各个州、成员国、省或行政区的主管当局。

第三十六条：退出

一、各缔约国均可宣布退出本公约。

二、退约应以书面退约书的形式通知教科文组织总干事。

三、退约在接到退约书十二个月之后生效。在退约生效日之前不得影响退约国承担的财政义务。

第三十七条：保管人的职责

教科文组织总干事作为本公约的保管人,应将第三十二条和第三十三条规定交存的所有批准书、接受书、核准书或加入书和第三十六条规定的退约书的情况通告本组织各会员国、第三十三条提到的非本组织会员国的国家和联合国。

第三十八条：修订

一、任何缔约国均可书面通知总干事,对本公约提出修订建议。总干事应将此通知转发给所有缔约国。如在通知发出之日起六个月之内,至少有一半的缔约国回复赞成此要求,总干事应将此建议提交下一届大会讨论,决定是否通过。

二、对本公约的修订须经出席并参加表决的缔约国三分之二多数票通过。

三、对本公约的修订一旦通过,应提交缔约国批准、接受、核准或加入。

四、对于那些已批准、接受、核准或加入修订的缔约国来说,本公约的修订在三分之二的缔约国交存本条第三款所提及的文书之日起三个月之后生效。此后,对任何批准、接受、核准或加入修订的缔约国来说,在其交存批准书、接受书、核准书或加入书之日起三个月之后,本公约的修订即生效。

五、第三款和第四款所确定的程序对有关委员会委员国数目的第五条的修订不适用。

此类修订一经通过即生效。

六、在修订依照本条第四款的规定生效之后成为本公约缔约国的国家如无表

示异议,应:

(一)被视为修订的本公约的缔约方;

(二)但在与不受这些修订约束的任何缔约国的关系中,仍被视为未经修订之公约的缔约方。

第三十九条:有效文本

本公约用英文、阿拉伯文、中文、西班牙文、法文和俄文拟定,六种文本具有同等效力。

第四十条:登记

根据《联合国宪章》第一百零二条的规定,本公约应按教科文组织总干事的要求交联合国秘书处登记。

2.《岳麓宣言》

引 言

  我们生活在不同语言、文化、种族、宗教和不同社会制度所组成的世界里,形成了你中有我、我中有你的命运共同体。语言是促进人类发展、对话、和解、包容与和平的重要前提之一。

  人们需要通过语言与他人沟通,并且通过语言将知识、观念、信仰和传统代代相传,这对于人类的生存、自尊、幸福、发展以及和平共处必不可少。我们认识到,在代代相传的历程中,儿童时期的语言学习效果最佳。

  同时,语言还是文化的基本特征之一,是记录并传承一个族群、一个地区乃至世界独特文化的主要载体,它有助于人们通过共享的行为模式、互动方式、认知结构和理解方式来交流并构建人类命运共同体。语言记录了人类千百年来积累的传统知识和实践经验。这一知识宝库促进人类发展,见证了人类改造自然和适应环境的能力。

  来自世界各地的参会者代表政府,国家语言文字管理部门,学术界,文化、信息和记忆组织,公共部门或私人机构,濒危语言、少数民族语言、土著语言、非官方语言以及方言使用者,其他有关专家于2018年9月19-20日在中国长沙共同出席了世界语言资源保护大会,并且通过本宣言。本宣言:

  遵守《世界人权宣言》(1948)提到的各项人权和基本自由,以及其他国际公认的法律文件。

  回顾联合国教科文组织组织法序言里申明的"战争起源于人之思想,故务需于人之思想中筑起保卫和平之屏障"(1945年11月16日),重申联合国教科文组织是一个积极促进语言多样性和多语主义的联合国系统机构。

  基于其他支持语言权利的国际人权文件,包括:《消除一切形式种族歧视国际公约》(1965)、《经济、社会及文化权利国际公约》(1966)、《公民权利和政治权利国际公约》(1966)、《儿童权利公约》(1989)、《保护所有移徙工人及其家庭成员权利国际公约》(1990)、《在民族或族裔、宗教和语言上属于少数群体的人的权利宣言》(1992)、《残疾人权利公约》(2006)、《联合国土著人民权利宣言》(2007)以及国际人权条约和其他机构在这一领域的工作。

  回顾了其他国际文件,包括《世界文化多样性宣言》及其行动计划(2001)、《保护非物质文化遗产公约》(2003)、《保护和促进文化表达多样性公约》(2005);《关于普及网络空间及提倡和使用多种语言的建议书》(2003)。①

申明语言多样性政策必须首先尊重人民和社区作为语言守护者的尊严,尊重他们的权利,并就保护和促进语言多样性与他们真诚合作,探讨了为语言振兴、保护和促进所做出的努力,并获悉土著语言以及其他语言不断面临濒危困境的情况。

既考虑到语言和其承载的传统知识对于文化多样性和生物多样性极为重要,尤其在应对气候变化和环境恶化时至关重要,也考虑到拥有自己的语言是决定土著人民享有自决权的一个因素。

回顾绝大多数濒危语言是土著人民语言这一事实;也赞同联合国大会在关于"土著人民权利"的决议(编号71/178)中表达的紧迫感,该决议宣布2019年为"国际本土语言年"。

重申联合国大会2014年9月22日第69/2号决议通过的《世界土著人民大会成果文件》,"全系统行动计划"②及其之后的国家行动计划;土著人民权利专家会议及其有关研究和倡议等所达成的共识;③以及联合国土著问题常设论坛2016年会议(E/2016/43)的结论和倡议,其主题为:"土著语言:保护和振兴(《联合国土著人民权利宣言》第13、14和16条)"。

本宣言申明

(一)国际社会通过了强调保护语言多样性的重要国际文件以及其他政策文件;尤其是,联合国大会关于"土著民族权利"的第71/178号决议宣布2019年为"国际本土语言年",已再次引起世界范围内对语言及其相关问题的重视。

(二)《联合国土著人民权利宣言》第13、14、16条进一步完善了语言权利的规范性内容。

(三)目前在特别关注保护及振兴土著人民语言文化,保护并传承濒危语言、少数民族语言、非官方语言及方言等方面已有优秀典范。

(四)近年来多个关于土著语言的国际专家会议可为此领域的工作提供借鉴。这些专门的国际研讨会汇聚了跨学科专家、政策制定者、学者以及一线工作者。联

---

① 信息社会世界峰会宣言第15段。详见:http://www.itu.int/net/wsis/docs/geneva/official/dop.html。
② 确保以连贯一致的方式全面实现《联合国土著人民权利宣言》的全系统行动计划。详见:http://www.un.org/en/ga/search/view_doc.asp?symbol=E/C.19/2016/5。
③ 《关于落实土著人民受教育权的经验教训和挑战的研究》(2009),A/HRC/12/33,详见 http://undocs.org/A/HRC/12/33;《语言和文化在增进和保护土著人民权利及身份认同方面的作用》(2012),A/HRC/21/53,详见 http://undocs.org/A/HRC/21/53;以及《增进和保护土著人民的文化遗产权》(2015),A/HRC/30/53,详见 http://undocs.org/A/HRC/30/53。

合国教科文组织制定的"2019年国际本土语言年行动计划"也是本领域的重要文件。①

（五）"知识社会"这一概念建立在包容、开放、多样和多元等关键原则之上。文化多样性和多语主义在促进多元、公平、开放和包容的知识社会方面发挥着重要作用，也是普及教育、获取信息和实现表达自由的重要支柱。

（六）采用以人权为基础的方法，即：不歧视、人权相互依存和相互关联；关注最弱势群体；关注大众参与；基于国际人权规范的责任。

共识和倡议

共识一：保护和促进语言多样性对于可持续发展目标的实现至关重要，因此倡议：

1.保护和促进语言多样性有助于促进人类发展。保护语言多样性就是要保障各语言使用者在教育及其他基本的公共服务、就业、健康、社会融入、参与社会决策等方面机会均等，避免出现永久性文盲、失业、就医困难、受歧视和其他不公平现象，从而有利于实现消除贫困、消除饥饿和营造良好健康与福祉的人类发展目标。同时，语言多样性也是独特而古老的文化代代相传的基础。

2.保护和促进语言多样性有助于提高濒危语言、少数民族语言、土著语言、非官方语言以及方言母语者的潜力、行动力和主动性。这包括人们自儿童期便开始使用并传承母语、接受母语教育、获得互联网和其他公共空间的信息和知识，视障人士使用盲文、听障人士使用手语进行交流，增加优质教育和性别平等的机会。

3.保护和促进语言多样性有助于改善环境。维护语言多样性与理解语言赖以生存发展的自然生态环境、生物多样性、生产生活方式息息相关。在全球化的背景下，应将保护语言多样性与保护具有重大或特殊历史文化价值的城市或村落紧密结合，为保护语言多样性提供必要的环境条件和服务，探索语言多样性、环境保护与经济增长共赢的可持续发展模式。

4.保护和促进语言多样性有助于推动经济发展。语言多样性为不同的语言使用者在其教育背景、社会生活以及经济发展中争取相对平等的权利，增加濒危语言、少数民族语言、土著语言、非官方语言以及方言母语者平等和优质就业的机会，以此推动可持续的经济增长。

5.保护和促进语言多样性有助于加强社会融入、社会合作。保护语言多样性有助于减少不同母语者之间的性别与社会不平等现象，保障濒危语言、少数民族语

---

① E/C.19/2018/8。

言、土著语言、非官方语言以及方言母语者接受教育的权力,通过鼓励其参与促进文化多样性、濒危语言保护、非物质文化遗产保护的系列行动,例如口传文化、表演艺术、社会实践、宗教民俗和节庆活动等,增强弱势群体的社会融入程度和社会决策能力,以此创建更为和平、包容的社会,促进可持续发展。

共识二:保护和促进语言多样性需要国际社会各方面积极作为,切实有效参与其中,因此倡议:

6.联合国教科文组织肩负着倡议、引领、促进、普及、保护世界语言多样性的重要职责。

(1)应监测世界语言多样性现状,据此制定并落实与此相关的政策或措施;与持积极态度的政府和非政府组织、土著人民、公共和私人机构、社区和个人开展合作,支持相关合作者开展语言能力建设。

(2)联合国教科文组织应当鼓励并指导各成员国、有关学术机构及企业开展濒危语言保护工作,积极与濒危语言,包括少数民族语言、土著语言和其他弱势语言的社区建立联系。

(3)联合国教科文组织应当构建保护和促进语言多样性城市网络,探索将语言多样性作为可持续城市的重要标准之一。

(4)联合国教科文组织应当支持、鼓励和宣传以政策为导向的研究,系统全面地解决语言公正问题,并将其作为可持续发展的重要组成部分。

7.联合国和其他国际人权机构和机制有责任继续从保障人权的维度监测语言权利行使状况。这包括人权条约机构和特别程序,例如:经济、社会和文化权利委员会、儿童权利委员会、文化权利问题特别报告员和土著人民权利问题特别报告员。

(1)应将保护和促进世界语言多样性纳入联合国相关发展议程中,确保其在构建人类命运共同体,促进全球范围内的平等、互鉴、理解、对话、包容,捍卫世界和平等方面发挥不可替代的重要作用。

(2)建议联合国大会宣布一项国际十年活动,名为"本土语言国际十年"。因为世界土著语言振兴需要各个国家、土著人民和其他方面的持续努力。

8.国家和政府在保护和促进本国语言多样性方面应发挥主导作用,鼓励各成员国制定健全的语言政策和语言资源管理运营机制。

(1)应根据本国语言国情制定科学规划,及时有效地开展本国的语言资源调查保护,并让相关语言群体参与到有关工作中来。

(2)应组织开展教育和文化活动弘扬语言文化多样性和多语主义,通过让语言社区参与计划实施和相关项目评估工作,培育社会大众的语言自信和语言保护传承意识。

(3)应将负责语言项目规划、实施和评估的语言政策制定机制与本国专业技术和方法传统紧密结合起来。

(4)鼓励在国家层面根据《保护和促进世界语言多样性岳麓宣言》和其他相关国际文件,制定行动计划,并鼓励相关方面参与其中。

9.鼓励国家语言文字管理部门、学术界、非政府组织、公共和私人机构以及个人通过科研、媒体、课程、艺术、文化产品和信息通信技术等多种方式保护并促进语言多样性。

(1)鼓励所有相关方面,包括国家语言文字管理部门、学术界、非政府组织、公共组织、私人组织和个人,认识并进一步提高对"语保人/语言达人/语言推广大使"等称谓的认识。无论他们是社区,组织,机构或是个人,他们都在通过科学研究、媒体、课程开发、艺术、文化生产和信息通信技术等手段,为保护和促进语言多样性努力。

(2)支持社会大众,尤其是青少年,包括他们中的社会边缘化群体,开展语言保护、振兴和传承的教育活动和文化活动。

(3)鼓励在世界范围内成立以保护国家和世界语言多样性为目标的青年联盟或青年组织,通过举办青年论坛、会议研讨和志愿者活动等方式,加强语言资源人才建设。

(4)鼓励城市积极促进当地语言多样性,并将其转化为知识或生产力,实现在全球化背景下保护和促进语言多样性的目标。

(5)保护与促进语言多样性的国际标准文件应能明显缩小现有规范标准与近年来积极开展的各项语言保护行动之间的差距。

(6)建议制定一份新的国际规范标准文件,以契合目前各国及国际社会上多项积极主动的语言保护行动的需求。

(7)鼓励各国政府、私人机构、非政府组织、学术界和其他相关者,为保护和促进土著语言及其他濒危语言提供资金资助和相关资源。

(8)学术机构和土著组织是帮助鉴定并提供资源的关键。应积极设立语言资源保护项目,共享由高校、语言学家调查采集而得的语言数据,以减少土著语言的流失。同时,土著社区可以为这些方案的具体实施提供宝贵意见,并提供更多口语流利的发音人。

(9)"2019国际本土语言年"是一个向多元文化世界发起全球性号召的重要时间节点。应建立专家培训方案,培训有资质的专家,通过鼓励专家进入公共组织、私人机构或民间社团工作,促进文化可持续发展。

(10)积极汇聚语言振兴的经验和方法,将有助于国际社会和各国家践行上述各项倡议。

联合国教科文组织、联合国土著问题常设论坛秘书处应能够引领这项工作的开展。

共识三：保护和促进语言多样性应当与科技发展相结合，因此倡议：

10. 语言是一种宝贵的、不可再生的社会文化资源。应重视利用科技进步来推动各语言及其文化之间的交流合作，促进文明交流互鉴。

11. 建议制定语言资源保护的国际标准，包括语言资源调查、整理、加工、保存的技术标准，也包括在全世界范围内共建、共享、共同开发利用语言资源大数据的标准。这需要国际标准化组织（如 ISO）和从事语言资源保护的专业部门（如大学和科研机构）、专家以及其他利益相关者共同制定并执行。

12. 成员国应制订科学稳妥的政策，采取积极有效的措施，让科技发展惠及各语言使用者，使之平等地拥有接受教育和传承文化的权利，享受科技产品的服务和便利。

13. 成员国、公共组织、学术界、非政府组织和民间团体、联合国实体和相关机构、私人机构、语言使用者和其他相关人士，应与土著人民和其他语言团体合作，在全球信息网络环境中促进语言多样性，营造多语言使用及多语言自由转换的互联网空间。

14. 成员国、公共组织、学术界、非政府组织和民间团体、联合国实体和相关机构、私人机构和其他相关人士，应与土著人民和其他语言团体合作，通过人工智能、信息通讯等技术推动语言文化的创造性转化、创新性发展和有效传播，寻求濒危语言、少数民族语言、土著语言、非官方语言以及方言保护传承的新途径。同时，应认识到语言是人工智能的重要资源之一，人工智能的发展也离不开语言资源。

15. 成员国、公共组织、学术界、非政府组织和民间团体、联合国实体和相关机构、私人机构和其他相关人士，应与土著人民和其他语言团体合作，积极研发语言数据采集分析工具，以及多模态语料转写标注、文化展示互动的先进工具；利用语音识别、机器翻译技术提高语言教育和语言学习的效率。

16. 鼓励联合国实体、政府间组织、国家、政府和非政府组织、公共和私人机构、土著人民和社区以及来自全球、国家到地方各个层级与语言多样性工作相关的个人，关注语言多样性相关措施并付诸实施。

17. 参与建设新型"世界语言地图"项目，与中国以及其他国家的语言研究机构、相关高校合作，建立专家工作组或合作伙伴关系，鼓励其在联合国教科文组织"世界语言地图"的框架下，参与或支持本国家或本地区语言地图的建设。

18. 成员国、私人机构、学术界和其他相关人士，应与土著人民和其他语言社区合作，为语言振兴、语言复活和语言维持而加强国家基础设施建设，包括建设语言振兴机构、语言委员会、语言博物馆或语言典藏和数字化的实体机构。

19. 博物馆是保存、保护、展示、共享语言资源的最佳载体之一。鼓励国际组织、政府，公共组织或非政府组织、土著人民、私人机构，社区或个人积极建设语言博物馆，特别鼓励建设与语言社区紧密结合的生态博物馆或语言文化体验区。信息、记忆、档案和文化组织(如博物馆),无论是实体的还是虚拟的,都将对保护和促进语言多样性发挥积极作用。

20.鼓励成员国通过项目合作、学术交流等方式共享语言资源保护的规范标准、技术工具和前沿理念;包括开源免费的资源。特别是应当促进国家和地方上的语言调查、保护、传承、发展。鼓励从事保护和促进语言多样性工作的研究机构、专家赴各国、各地区开展项目合作和学术交流。

致　谢

感谢联合国教科文组织和中华人民共和国政府于2018年9月19－21日在中华人民共和国湖南省长沙市成功举办世界语言资源保护大会。

3.《中华人民共和国非物质文化遗产法》

(2011年2月25日第十一届全国人民代表大会常务委员会第十九次会议通过)

目 录

第一章 总 则
第二章 非物质文化遗产的调查
第三章 非物质文化遗产代表性项目名录
第四章 非物质文化遗产的传承与传播
第五章 法律责任
第六章 附 则

第一章 总 则

第一条 为了继承和弘扬中华民族优秀传统文化,促进社会主义精神文明建设,加强非物质文化遗产保护、保存工作,制定本法。

第二条 本法所称非物质文化遗产,是指各族人民世代相传并视为其文化遗产组成部分的各种传统文化表现形式,以及与传统文化表现形式相关的实物和场所。包括:

(一)传统口头文学以及作为其载体的语言;

(二)传统美术、书法、音乐、舞蹈、戏剧、曲艺和杂技;

(三)传统技艺、医药和历法;

(四)传统礼仪、节庆等民俗;

(五)传统体育和游艺;

(六)其他非物质文化遗产。

属于非物质文化遗产组成部分的实物和场所,凡属文物的,适用《中华人民共和国文物保护法》的有关规定。

第三条 国家对非物质文化遗产采取认定、记录、建档等措施予以保存,对体现中华民族优秀传统文化,具有历史、文学、艺术、科学价值的非物质文化遗产采取传承、传播等措施予以保护。

第四条 保护非物质文化遗产,应当注重其真实性、整体性和传承性,有利于增强中华民族的文化认同,有利于维护国家统一和民族团结,有利于促进社会和谐和可持续发展。

第五条 使用非物质文化遗产,应当尊重其形式和内涵。

禁止以歪曲、贬损等方式使用非物质文化遗产。

第六条 县级以上人民政府应当将非物质文化遗产保护、保存工作纳入本级国民经济和社会发展规划,并将保护、保存经费列入本级财政预算。

国家扶持民族地区、边远地区、贫困地区的非物质文化遗产保护、保存工作。

第七条 国务院文化主管部门负责全国非物质文化遗产的保护、保存工作;县级以上地方人民政府文化主管部门负责本行政区域内非物质文化遗产的保护、保存工作。

县级以上人民政府其他有关部门在各自职责范围内,负责有关非物质文化遗产的保护、保存工作。

第八条 县级以上人民政府应当加强对非物质文化遗产保护工作的宣传,提高全社会保护非物质文化遗产的意识。

第九条 国家鼓励和支持公民、法人和其他组织参与非物质文化遗产保护工作。

第十条 对在非物质文化遗产保护工作中做出显著贡献的组织和个人,按照国家有关规定予以表彰、奖励。

第二章 非物质文化遗产的调查

第十一条 县级以上人民政府根据非物质文化遗产保护、保存工作需要,组织非物质文化遗产调查。非物质文化遗产调查由文化主管部门负责进行。

县级以上人民政府其他有关部门可以对其工作领域内的非物质文化遗产进行调查。

第十二条 文化主管部门和其他有关部门进行非物质文化遗产调查,应当对非物质文化遗产予以认定、记录、建档,建立健全调查信息共享机制。

文化主管部门和其他有关部门进行非物质文化遗产调查,应当收集属于非物质文化遗产组成部分的代表性实物,整理调查工作中取得的资料,并妥善保存,防止损毁、流失。其他有关部门取得的实物图片、资料复制件,应当汇交给同级文化主管部门。

第十三条 文化主管部门应当全面了解非物质文化遗产有关情况,建立非物质文化遗产档案及相关数据库。除依法应当保密的外,非物质文化遗产档案及相关数据信息应当公开,便于公众查阅。

第十四条 公民、法人和其他组织可以依法进行非物质文化遗产调查。

第十五条 境外组织或者个人在中华人民共和国境内进行非物质文化遗产调查,应当报经省、自治区、直辖市人民政府文化主管部门批准;调查在两个以上省、自治区、直辖市行政区域进行的,应当报经国务院文化主管部门批准;调查结束后,应当向批准调查的文化主管部门提交调查报告和调查中取得的实物图片、资料复制件。

境外组织在中华人民共和国境内进行非物质文化遗产调查,应当与境内非物质文化遗产学术研究机构合作进行。

第十六条 进行非物质文化遗产调查,应当征得调查对象的同意,尊重其风俗习惯,不得损害其合法权益。

第十七条 对通过调查或者其他途径发现的濒临消失的非物质文化遗产项目,县级人民政府文化主管部门应当立即予以记录并收集有关实物,或者采取其他抢救性保存措施;对需要传承的,应当采取有效措施支持传承。

第三章　非物质文化遗产代表性项目名录

第十八条 国务院建立国家级非物质文化遗产代表性项目名录,将体现中华民族优秀传统文化,具有重大历史、文学、艺术、科学价值的非物质文化遗产项目列入名录予以保护。

省、自治区、直辖市人民政府建立地方非物质文化遗产代表性项目名录,将本行政区域内体现中华民族优秀传统文化,具有历史、文学、艺术、科学价值的非物质文化遗产项目列入名录予以保护。

第十九条 省、自治区、直辖市人民政府可以从本省、自治区、直辖市非物质文化遗产代表性项目名录中向国务院文化主管部门推荐列入国家级非物质文化遗产代表性项目名录的项目。推荐时应当提交下列材料:

(一)项目介绍,包括项目的名称、历史、现状和价值;

(二)传承情况介绍,包括传承范围、传承谱系、传承人的技艺水平、传承活动的社会影响;

(三)保护要求,包括保护应当达到的目标和应当采取的措施、步骤、管理制度;

(四)有助于说明项目的视听资料等材料。

第二十条 公民、法人和其他组织认为某项非物质文化遗产体现中华民族优秀传统文化,具有重大历史、文学、艺术、科学价值的,可以向省、自治区、直辖市人民政府或者国务院文化主管部门提出列入国家级非物质文化遗产代表性项目名录的建议。

第二十一条 相同的非物质文化遗产项目,其形式和内涵在两个以上地区均保持完整的,可以同时列入国家级非物质文化遗产代表性项目名录。

第二十二条 国务院文化主管部门应当组织专家评审小组和专家评审委员会,对推荐或者建议列入国家级非物质文化遗产代表性项目名录的非物质文化遗产项目进行初评和审议。

初评意见应当经专家评审小组成员过半数通过。专家评审委员会对初评意见进行审议,提出审议意见。

评审工作应当遵循公开、公平、公正的原则。

第二十三条 国务院文化主管部门应当将拟列入国家级非物质文化遗产代表性项目名录的项目予以公示,征求公众意见。公示时间不得少于二十日。

第二十四条 国务院文化主管部门根据专家评审委员会的审议意见和公示结果,拟订国家级非物质文化遗产代表性项目名录,报国务院批准、公布。

第二十五条 国务院文化主管部门应当组织制定保护规划,对国家级非物质文化遗产代表性项目予以保护。

省、自治区、直辖市人民政府文化主管部门应当组织制定保护规划,对本级人民政府批准公布的地方非物质文化遗产代表性项目予以保护。

制定非物质文化遗产代表性项目保护规划,应当对濒临消失的非物质文化遗产代表性项目予以重点保护。

第二十六条 对非物质文化遗产代表性项目集中、特色鲜明、形式和内涵保持完整的特定区域,当地文化主管部门可以制定专项保护规划,报经本级人民政府批准后,实行区域性整体保护。确定对非物质文化遗产实行区域性整体保护,应当尊重当地居民的意愿,并保护属于非物质文化遗产组成部分的实物和场所,避免遭受破坏。

实行区域性整体保护涉及非物质文化遗产集中地村镇或者街区空间规划的,应当由当地城乡规划主管部门依据相关法规制定专项保护规划。

第二十七条 国务院文化主管部门和省、自治区、直辖市人民政府文化主管部门应当对非物质文化遗产代表性项目保护规划的实施情况进行监督检查;发现保护规划未能有效实施的,应当及时纠正、处理。

第四章 非物质文化遗产的传承与传播

第二十八条 国家鼓励和支持开展非物质文化遗产代表性项目的传承、传播。

第二十九条 国务院文化主管部门和省、自治区、直辖市人民政府文化主管部门对本级人民政府批准公布的非物质文化遗产代表性项目,可以认定代表性传承人。

非物质文化遗产代表性项目的代表性传承人应当符合下列条件:

(一)熟练掌握其传承的非物质文化遗产;

(二)在特定领域内具有代表性,并在一定区域内具有较大影响;

(三)积极开展传承活动。

认定非物质文化遗产代表性项目的代表性传承人,应当参照执行本法有关非物质文化遗产代表性项目评审的规定,并将所认定的代表性传承人名单予以公布。

第三十条 县级以上人民政府文化主管部门根据需要,采取下列措施,支持非物质文化遗产代表性项目的代表性传承人开展传承、传播活动：

（一）提供必要的传承场所；

（二）提供必要的经费资助其开展授徒、传艺、交流等活动；

（三）支持其参与社会公益性活动；

（四）支持其开展传承、传播活动的其他措施。

第三十一条　非物质文化遗产代表性项目的代表性传承人应当履行下列义务：

（一）开展传承活动，培养后继人才；

（二）妥善保存相关的实物、资料；

（三）配合文化主管部门和其他有关部门进行非物质文化遗产调查；

（四）参与非物质文化遗产公益性宣传。

非物质文化遗产代表性项目的代表性传承人无正当理由不履行前款规定义务的，文化主管部门可以取消其代表性传承人资格，重新认定该项目的代表性传承人；丧失传承能力的，文化主管部门可以重新认定该项目的代表性传承人。

第三十二条　县级以上人民政府应当结合实际情况，采取有效措施，组织文化主管部门和其他有关部门宣传、展示非物质文化遗产代表性项目。

第三十三条　国家鼓励开展与非物质文化遗产有关的科学技术研究和非物质文化遗产保护、保存方法研究，鼓励开展非物质文化遗产的记录和非物质文化遗产代表性项目的整理、出版等活动。

第三十四条　学校应当按照国务院教育主管部门的规定，开展相关的非物质文化遗产教育。

新闻媒体应当开展非物质文化遗产代表性项目的宣传，普及非物质文化遗产知识。

第三十五条　图书馆、文化馆、博物馆、科技馆等公共文化机构和非物质文化遗产学术研究机构、保护机构以及利用财政性资金举办的文艺表演团体、演出场所经营单位等，应当根据各自业务范围，开展非物质文化遗产的整理、研究、学术交流和非物质文化遗产代表性项目的宣传、展示。

第三十六条　国家鼓励和支持公民、法人和其他组织依法设立非物质文化遗产展示场所和传承场所，展示和传承非物质文化遗产代表性项目。

第三十七条　国家鼓励和支持发挥非物质文化遗产资源的特殊优势，在有效保护的基础上，合理利用非物质文化遗产代表性项目开发具有地方、民族特色和市场潜力的文化产品和文化服务。

开发利用非物质文化遗产代表性项目的，应当支持代表性传承人开展传承活动，保护属于该项目组成部分的实物和场所。

县级以上地方人民政府应当对合理利用非物质文化遗产代表性项目的单位予

以扶持。单位合理利用非物质文化遗产代表性项目的,依法享受国家规定的税收优惠。

第五章　法律责任

第三十八条　文化主管部门和其他有关部门的工作人员在非物质文化遗产保护、保存工作中玩忽职守、滥用职权、徇私舞弊的,依法给予处分。

第三十九条　文化主管部门和其他有关部门的工作人员进行非物质文化遗产调查时侵犯调查对象风俗习惯,造成严重后果的,依法给予处分。

第四十条　违反本法规定,破坏属于非物质文化遗产组成部分的实物和场所的,依法承担民事责任;构成违反治安管理行为的,依法给予治安管理处罚。

第四十一条　境外组织违反本法第十五条规定的,由文化主管部门责令改正,给予警告,没收违法所得及调查中取得的实物、资料;情节严重的,并处十万元以上五十万元以下的罚款。

境外个人违反本法第十五条第一款规定的,由文化主管部门责令改正,给予警告,没收违法所得及调查中取得的实物、资料;情节严重的,并处一万元以上五万元以下的罚款。

第四十二条　违反本法规定,构成犯罪的,依法追究刑事责任。

第六章　附　则

第四十三条　建立地方非物质文化遗产代表性项目名录的办法,由省、自治区、直辖市参照本法有关规定制定。

第四十四条　使用非物质文化遗产涉及知识产权的,适用有关法律、行政法规的规定。

对传统医药、传统工艺美术等的保护,其他法律、行政法规另有规定的,依照其规定。

第四十五条　本法自2011年6月1日起施行。